Alexander Rosarius

Wie FinTechs den Zahlungsverkehr der Sparkassen beeinflussen

Konkurrenz oder Kooperation?

Bibliografische Information der Deutschen Nationalbibliothek:

Die Deutsche Nationalbibliothek verzeichnet diese Publikation in der Deutschen Nationalbibliografie; detaillierte bibliografische Daten sind im Internet über http://dnb.d-nb.de abrufbar.

Impressum:

Copyright © EconoBooks 2020

Ein Imprint der GRIN Publishing GmbH, München

Druck und Bindung: Books on Demand GmbH, Norderstedt, Germany

Covergestaltung: GRIN Publishing GmbH

Inhaltsverzeichnis

Tabellen- und Abbildungsverzeichnis

Abkürzungsverzeichnis

%	Prozent
€	Euro
B2B	Business-to-Business
B2C	Business-to-Consumer
bzw	beziehungsweise
ca	circa
DSGV	Deutscher Sparkassen- und Giroverband
DZG	Deutscher Zentral Giroverband
Ebd	Ebenda
et al	et alii
FAZ	Frankfurter Allgemeine Zeitung
FinTech	Finanztechnologie
IT.	Informationstechnik
IuK	Informations- und Kommunikationstechnik
NFC	Near Field Communication
P2P	Peer-To-Peer
POS	Point of Sale
PSD2	Payment Services Directive 2
S.W.I.F.T.-	Society for Worldwide Interbank Financial Telecommunication
SWOT	Akronym für Stärken, Schwächen, Chancen, Risiken
u.a.	unter anderem
Vgl	Vergleiche
z.B	zum Beispiel
z.T.	zum Teil

1 Einleitung

Nicht zuletzt im Rahmen der Diskussion um die aktuellen Pläne der Deutschen Bahn, Milliardenbeträge in innovative Digitaltechnik und die Gründung einer Digitalgesellschaft investieren zu wollen, offenbart sich symptomatisch, dass der Begriff Digitalisierung immer weiter in den Fokus des öffentlichen Bewusstseins justiert wird.[1] Das digitale Zeitalter erreicht den Menschen sukzessive in all seinen Lebensbereichen und der demografische Wandel hin zu einer netzaffinen, kommunikationsfreudigen Generation bedingt, dass der Wunsch nach mobilen Alternativen zu herkömmlich-analogen Angeboten immer weiter steigt. Einhergehend damit deckt der digitale Strukturwandel stets neue Marktlücken auf und bietet jungen, technologiegetriebenen Unternehmen und Start-Ups die Chance sich unverzüglich am Markt zu etablieren. Viele Wirtschaftssektoren passen sich mittels dieser Innovationen dem veränderten Konsumentenverhalten durch teils massive Umstrukturierungen ihrer Arbeit an. Ein prominentes Beispiel konstituiert hierbei die Musikindustrie, die innerhalb von nur zwanzig Jahren den allmählichen Niedergang der Compact Disk, deren mittelfristige Ablösung durch das Downloadgeschäft und schließlich die Hochkonjunktur der Streamingdienste erlebt hat.[2] Doch längst nicht jeder Wirtschaftszweig war und ist den Herausforderungen der Digitalisierung gewachsen. Nicht wenige wirtschaftliche Akteure, darunter die Schreibmaschinenindustrie und sogar namhafte Größen wie Nokia und Kodak, haben es versäumt, sich den stetig evolvierenden Bedingungen der digitalen Welt anzupassen und sind fast gänzlich vom Markt verschwunden.

1.1 Problemstellung und Zielsetzung

Die Finanzkrise 2008 und die daraus resultierenden Folgen sind auch ein Jahrzehnt nach ihrem Ausbruch noch allgegenwärtig. Trotz einer durchweg positiven gesamtwirtschaftlichen Entwicklung in Deutschland ist das finanzwirtschaftliche Ökosystem deutlich komplexer geworden und stellt die Finanzbranche vor unmittelbare Herausforderungen. Neben der systematisch eingeführten und bis dato

---

[1] Vgl. Tagesschau (Hg.), Pünktlich dank Digitalisierung? (2019), online verfügbar: https://www.faz.net/akuell/finanzen/warum-banken-immer-mehr-filialen-schliessen-muessen-16271824.html, abgerufen am 20.07.2019.

[2] Vgl. Dapp, Thomas, FinTechs – die digitale (R)evolution im Finanzsektor: Algorithmenbasiertes Banking mit human touch, in: Deutsche Bank Research (2014), online verfügbar unter: https://www.dbrese-arch.de/PROD/RPS_DE-PROD/PROD0000000000444457/Fintech_-_Die_digitale_%28R%29evolution_im_Finanzsekto.pdf, abgerufen am 21.07.2019.

anhaltenden Niedrigzins- bzw. Nullprozentpolitik der Europäischen Zentralbank erschweren auch die zunehmenden regulatorischen Anforderungen das Bankengeschäft und führen zu deutlichen Ertragseinbußen. Erste Maßnahmen, die der deutsche Bankensektor und mit ihr die Sparkassen als Reaktion auf diese Herausforderungen bereits getroffen haben, illustriert die FAZ unter dem Titel *Warum Banken immer mehr Filialen schließen*. Demzufolge sieht sich die Sparkassenlandschaft dazu gezwungen, ihr Filialnetz flächendeckend zu reduzieren, um ihr Kostenniveau zu senken. So haben Sparkassen im Jahre 2018 bundesweit rund 440 Filiale geschlossen. Dieser Trend wird in den folgenden Jahren weiter zunehmen.[3]

Die vermehrte Schließung von Geschäftsstellen ist nicht nur den oben genannten Problemen als Resultat der Finanzkrise geschuldet. Vielmehr kann davon ausgegangen werden, dass die Digitalisierung endgültig die Finanzdienstleistungsbranche erreicht hat und der fortschreitende digitale Strukturwandel die Sparkassen vor weitere gravierende Herausforderungen stellt. Jahrzehntelang haben Sparkassen auf ihre altbewährten Traditionen und Erwartungen gebaut. Im Hinblick auf den gegenwärtigen Digitalisierungsprozess haben die Sparkassen allerdings die Investition in moderne Innovationen größtenteils vernachlässigt und sind nicht der Frage nachgegangen, welche Rolle sie in Zukunft im digitalen finanzwirtschaftlichen Ökosystem einnehmen werden.[4] Es ist nicht überraschend, dass die Sparkassen im Gegensatz zu anderen Dienstleistungsbranchen, wie der Telekommunikationsbranche, vor solch intensiven Problematiken steht und dementsprechend Lösungsmöglichkeiten im Umgang mit der Digitalisierung sucht.

Diese komplexe Zielorientierung wird zusätzlich durch das Aufkommen neuer, innovativer Finanztechnologieunternehmen erschwert. Diese erschließen nicht nur das aktuelle finanzwirtschaftliche Umfeld des klassischen Bankensektors, sondern intensivieren zusätzlich den Wettbewerb innerhalb der Finanzdienstleistungsbranche, vornehmlich im Bereich des Zahlungsverkehrs. Die anfängliche Reaktion der Banken in Bezug auf den Markteintritt der FinTechs und deren Vorstellungen, das Banking zu revolutionieren, erscheint zweifelhaft. Die Banken waren davon überzeugt, dass die webbasierten Unternehmen ein kurzweiliges Phänomen darstellen und schnell vom Markt verschwinden würden. Aufgrund ihrer

---

[3] Vgl. Rheinische Post (Hg.), Warum Banken immer mehr Filialen schließen (2019), online verfügbar: https://rp-online.de/wirtschaft/unternehmen/sparkasse-praesident-rechnet-mit-der-schliessung-weiterer-filialen_aid-38742707, abgerufen am: 17.07.2019.

[4] Vgl. Ebd.

zeitgenössischen Mentalität und Innovationsfähigkeit haben es die FinTech-Unternehmen jedoch geschafft, den Bankensektor ernsthaft zu bedrohen und unter Druck zu setzen. Diese Bedrohung spiegelt sich auch in den aktuellen Befürchtungen der Kreditinstitute wider, die davon ausgehen, dass sie in absehbarer Zeit deutliche Geschäftsanteile an die potenziellen Wettbewerber verlieren könnten.[5] FinTechs nehmen keinesfalls mehr die Position eines Nischenanbieters ein, sondern etablieren sich kontinuierlich im Bankenumfeld.

Künftig haben Banken und Sparkassen daher die Aufgabe, ihr bisheriges Geschäftsmodell in Frage zu stellen und innovative Lösungsansätze zu ermitteln, um ihr Unternehmen im fortschreitenden digitalen Zeitalter und hinsichtlich des Aufkommens anderer Wettbewerber neu zu positionieren. So stellte bereits Christian Rieck, Professor für Finance und Wirtschaftstheorie an der Frankfurt University of Applied Sciences, fest, dass es Banken und Finanzdienstleistungsunternehmen, „wie wir sie heute kennen, in zehn bis fünfzehn Jahren schon nicht mehr geben [wird]. [...] Wer jetzt nicht aufwacht, wird verdrängt."[6] Um dem drohenden darwinistischen Prinzip zu umgehen, sollten die Banken sich im Zuge des stattfindenden Neuorientierungsprozesses kritisch hinterfragen, inwiefern kooperative Beziehungen nützlich für die Zukunft sein und als Katalysator für einen positiven, tiefgreifenden Wandel des Zahlungsverkehrs genutzt werden können. Im Folgenden erscheint eine kritische Auseinandersetzung mit der vorliegenden Forschungsthese sinnvoll: *Kooperation statt Konkurrenz – Wie FinTechs den Zahlungsverkehr der Sparkassen langfristig beeinflussen,* um die einleitende Problematik adäquat thematisieren zu können.

---

[5] Vgl. DerTreasurer (Hg.), Banken verlieren Marktanteile an FinTechs (2017), online verfügbar: https://www.dertreasurer.de/news/finanzen-bilanzen/banken-verlieren-marktanteile-an-fintechs-57591/, abgerufen am: 20.07.2019

[6] Herz Carsten, So zwingt künstliche Intelligenz die Versicherer, sich neu zu erfinden, in: Handelsblatt (2018), online verfügbar unter: https://www.handelsblatt.com/finanzen/banken-versicherungen/ki-in-derversicherungsbranche-hallo-herr-roboter/19842748.html, abgerufen am: 20.07.2019.

1.2 Struktur und Vorgehensweise

Um mögliche Antworten auf die genannte Fragestellung zu ergründen, soll der analytische Blick zunächst auf die Sparkassen gerichtet werden. In einem ersten Schritt wird das Geschäftsmodell der Sparkassenorganisation erläutert, um den Grundstein für das weitere Vorgehen zu legen. Ergänzend erscheint es hilfreich, sich anknüpfend an das Geschäftsmodell mit der geschichtlichen Entwicklung des Unternehmens von der Gründung bis zum jetzigen Stand zu befassen. Insbesondere aufgrund der Tatsache, dass der Fokus dieser Arbeit auf den Zahlungsverkehr gelegt werden soll, werden in diesem Kapitel lediglich diejenigen Entwicklungen berücksichtigt, die in einem Zusammenhang mit dem historischen Werdegang des sparkasseninternen Zahlungsverkehrs stehen. Hierbei werden unter anderem diverse Ausführungen von Hans Pohl berücksichtigt, darunter auch *Wirtschafts- und Sozialgeschichte der deutschen Sparkassen im 20. Jahrhundert*. Im anschließenden dritten Kapitel werden die externen Herausforderungen für den Zahlungsverkehr schlaglichtartig erfasst und nähergebracht. An dieser Stelle soll herausgestellt werden, inwiefern unternehmensunabhängige Faktoren wie bspw. der demografische Wandel den Zahlungsverkehr in der jüngeren Vergangenheit vor neue Probleme gestellt haben. Zur Annäherung an diese Thematik ist in erster Linie *Die Bankenbranche im Wandel* zurate gezogen worden. Im Anschluss daran gilt das Hauptaugenmerk der thematischen Ausarbeitung den FinTechs. Nachdem in einem ersten Punkt allgemeine Informationen zum FinTech-Begriff dargestellt werden, soll darauffolgend und parallel zu Kapitel zwei die geschichtliche Entwicklung der vergleichsweise jungen FinTechs dokumentiert werden. In der zweiten Hälfte des vierten Kapitels wird der Zahlungsverkehr erneut in den Mittelpunkt der Analyse justiert, indem finanztechnologische Annäherungen im Bereich der alternativen Bezahlverfahren konkretisiert werden. Das Ende dieses Kapitels bildet die Auseinandersetzung mit den regulatorischen Anforderungen an die FinTech-Branche. Das letzte Kapitel des Hauptteils beschäftigt sich mit zwei konkreten Beispielen finanztechnologischer Lösungen für den Zahlungsverkehr, PayPal und das Sparkassenprodukt paydirekt. Neben der notwendigen Erläuterung der Funktionsweisen beider Modelle soll die daran anknüpfende SWOT-Analyse eine fundiert kritische Beschäftigung gewährleisten.

Als Fundament für die beiden letzten Kapitel ist eine Vielzahl an sekundärliterarischen Werken zu gleichen Teilen genutzt worden, weswegen die Erwähnung eines einzelnen Textes an dieser Stelle entfällt. Abschließend soll die thematische Auseinandersetzung durch eine Schlussbetrachtung abgerundet werden, indem die geprüften Probleme und Resultate in Form einer unverbindlichen Handlungsempfehlung zusammengetragen werden.

1.3 Motivation

Die grundlegenden Themen dieser Arbeit wie der digitale Strukturwandel, die FinTechs oder die Entwicklung des Zahlungsverkehrs bieten über den offensichtlichen Anlass aufgrund ihrer Aktualität und Medienpräsenz hinaus auch eine persönliche Dimension der Motivation: Im Zuge meiner Berufsausbildung zum Bankkaufmann bei der Sparkasse durfte ich täglich erleben und bestätigen, was die Fragestellung bereits suggeriert und in den kommenden Kapiteln näher ergründet wird. Nämlich, dass es den Sparkassen und ihren Mitarbeitern zunehmend schwerer fällt, gerade jüngere Konsumentengenerationen von den hauseigenen Produkten im Zahlungsverkehr zu überzeugen, da diese die Nutzung der vergleichsweise neuen FinTechs bevorzugen. Somit ist es ein aus der persönlichen Erfahrung hervorgegangenes Anliegen für mich, die Ursachen dieser augenscheinlich problematischen Entwicklung tiefgreifend zu analysieren und optionale Handlungsfelder für die Zukunft der Sparkassen aufzudecken.

2 Sparkassen

Seit über 200 Jahren hat die Sparkasse mit fortwährend gegenwartsnahen Angeboten zur ganzheitlichen Finanzberatung die Entwicklung in Deutschland gesellschaftlich wie wirtschaftlich geprägt und genießt infolgedessen ein auch heute noch großes Vertrauen. Ihre traditionellen Wurzeln reichen weit in das 18. Jahrhundert zurück und bilden den Grundstein für die heutige Sparkassen-Finanzgruppe, die rund 540 Unternehmen erfasst. Das Geschäftsmodell und speziell der Zahlungsverkehr haben in den vergangenen Jahrhunderten etliche Barrieren überwinden müssen. Hierzu gehören u.a. die Phasen der Industrialisierung in Stadt und Land, der Wiederaufbau nach den zwei Weltkriegen, die Wiedervereinigung der deutschen Gesellschaft nach 1990 sowie jüngst die Konsequenzen der Finanzkrise im Jahre 2008.[7]

2.1 Das Geschäftsmodell

Als Teil des deutschen Bankensektors gelten Sparkassen gemäß der Klassifizierung von Richard und Mühlmeyer als öffentlich-rechtliche Universalkreditinstiute. Zu den fundamentalen Aufgaben der Sparkassen zählen insbesondere die Einnahme einer Schlüsselposition bei der Durchführung des Zahlungsverkehrs sowie das Anbieten von Geldanlage- und Finanzierungsleistungen für private Haushalte und Unternehmen.[8] Die aufgezählten Tätigkeitsfelder werden dabei unter der Berücksichtigung von vier identitätsstiftenden Prinzipien ausgeübt, die im Folgenden veranschaulicht werden sollen.[9]

Bei der Bereitstellung von Finanzdienstleistungen hat die Sparkassenorganisation eine elementare soziale Verantwortung zu berücksichtigen, die sich schon in der eingehenden Lektüre des Sparkassengesetzes offenbart. Zunächst sei an dieser Stelle der dort verankerte Unternehmenszweck der Finanzgruppe, der öffentliche Auftrag, zu erwähnen. Dieser verpflichtet die Sparkassen in erster Linie zu einer umfassenden Versorgung der privaten Haushalte sowie der mittelständischen

---

[7] Vgl. Deutscher Sparkassen- und Giroverband e.V., Finanzbericht 2017 der Sparkassen-Finanzgruppe, Berlin 2018, S. 6.

[8] Vgl. Möhlmeier, Heinz et al., Allgemeine Wirtschaftslehre für den Bankkaufmann/die Bankkauffrau, Köln 2013, S. 15.

[9] Vgl. Auerbach, Christoph, Fusionen deutscher Kreditinstitute. Erfolg und Erfolgsfaktoren am Beispiel von Sparkassen und Kreditgenossenschaften, Wiesbaden 2009, S. 16.

Wirtschaft mit elementaren Finanzdienstleistungen.[10] Die Charakteristik des öffentlichen Auftrages kann ferner anhand von fünf Funktionsbereichen beschrieben werden. Gemäß der Förder- bzw. Sparerziehungsfunktion haben die Sparkassen die Verpflichtung, den Sparsinn der Bevölkerung zu fördern und übernehmen im Zuge der immer komplexer werdenden Finanzprodukte einen gewissen Aufklärungsauftrag. Darüber hinaus werden die Sparkassen im Sinne der Gewährleistungsfunktion dazu angehalten, ihre Finanzdienstleistungen flächendeckend anzubieten und eine lückenlose Versorgung sicherzustellen. Ergänzend dazu hat die Sparkasse unter Berücksichtigung der Hausbankfunktion die Aufgabe, die kommunalen Träger in allen finanziellen Belangen, von der Kreditvergabe bis hin zur Abwicklung des Zahlungsverkehrs, zu unterstützen. Letztlich sei zu erwähnen, dass die Sparkassen im Rahmen der Wettbewerbskorrekturfunktion einen erheblichen Beitrag zur Belebung und Aufrechterhaltung eines gerechten, monopolfreien Marktes leisten.[11]

Anknüpfend an den öffentlichen Auftrag konzentriert sich das Prinzip der Gemeinnützigkeit auf die soziale Verantwortung der Sparkassen. Dementsprechend haben die Sparkassen den Anspruch, auf das Gemeinwohl der Bevölkerung ausgerichtet zu sein und ihre Geschäfte diesem Zweck jederzeit unterzuordnen. Hierbei ist es signifikant zu erwähnen, dass diese sozial orientierte Ausrichtung und die für jedes Unternehmen fundamentale Instanz der Gewinnerzielung keine einander obstruierenden Kriterien darstellen. Obschon die Sparkassen-Finanzgruppe dazu verpflichtet ist, „kreditwirtschaftliche Leistungen auch dann an[zu]bieten, wenn es unter Gewinnmaximierungsüberlegungen nicht mehr gerechtfertigt ist"[12], ist das Finitum Gewinnerzielung auch für sie schlichtweg unverzichtbar; nicht zuletzt, da die Sparkasse als alleinige Kreditinstitutsgruppe die für ihre Geschäftstüchtigkeit erforderlichen Geldmittel beinahe ausschließlich selbstverantwortlich erwirtschaftet.[13]

---

10 Vgl. Geiger, Helmut, Die deutsche Sparkassenorganisation, Frankfurt am Main 1992, S. 25.

11 Vgl. Auerbach, Christoph, Fusionen deutscher Kreditinstitute. Erfolg und Erfolgsfaktoren am Beispiel von Sparkassen und Kreditgenossenschaften, Wiesbaden 2009, S. 17f.

12 Pix, Manfred, Ist es notwendig, bewährte Sparkassenstrukturen zu erhalten?, in: Riekeberg, Marcus/Stenke, Karin (Hg.), Banking 2000. Perspektiven und Projekte, Wiesbaden 2000, S. 45-56, hier S. 50.

13 Vgl. Ebd.

Das dritte, aus dem Sparkassengesetz hervorgehende Auftragsziel ist das Regional-prinzip. Darunter subsumiert die Sparkassen-Finanzgruppe die Idee, dass die Ge-schäftstätigkeit des jeweiligen Finanzinstituts auf das Trägergebiet beschränkt sein sollte. Hierbei fördert das dezentrale, föderale System der grundsätzlich selb-ständigen Sparkassen maximale, regionale Kundennähe und ermöglicht mit ihrem flächendeckenden Filialnetz ein umfassendes Dienstleistungsangebot innerhalb ihres Gewährträgergebiets. Überdies trägt das Regionalprinzip dazu bei, dass die Bevölkerung in ländlichen und teils strukturschwachen Regionen auf ein nicht min-der umfangreiches Angebot an Finanzdienstleistungen zurückgreifen kann. Im Zuge dessen unterstützt die Sparkasse die Diffusion des deutschen Bankensektors, indem sie für „gesunde[n] wirtschaftliche[n] Strukturen in unserem Lande"[14] sorgt.[15]

Neben den bereits genannten Auftragszielen ist abschließend das Prinzip der Ver-bundorientierung zu nennen. Die Sparkassenorganisation ist nach Auerbach als ein dreistufiges hierarchisches Verbundsystem organisiert. Es umfasst dabei die regi-onalen Sparkassen, die Landesbanken bzw. Sparkassen- und Giroverbände sowie den DSGV als Spitzeninstitut. Zusätzlich existieren weitere regionale und überregi-onale Verbundpartner, u.a. Leasing- und Versicherungsgesellschaften, die von gro-ßer Bedeutung für die Sparkassen-Finanzgruppe sind.[16] Das Verbundsystem stellt den selbstständigen Sparkassen nicht nur professionelle Kooperationspartner im Vertrieb zur Seite, sondern gewährleistet darüber hinaus eine effiziente und örtlich flexible Bearbeitung komplexer Kundenwünsche. Besonders wichtig ist die Tatsa-che, dass die Aufgabenverteilung in der Verbundeinheit grundsätzlich durch ein zentrales Ordnungskriterium, das sogenannte Subsidiaritätsprinzip, gekennzeich-net ist. Demnach sollen die anfallenden Bankgeschäfte durch die lokalen Sparkas-seninstitute erbracht werden. Umgekehrt bedeutet dies, dass diejenigen Aufgaben, die nicht von der primären Stufe realisiert werden können, von den übergeordne-ten Ebenen effizient erfüllt werden.[17]

---

14 Pix, Manfred, Ist es notwendig, bewährte Sparkassenstrukturen zu erhalten?, in: Riekeberg, Marcus/Stenke, Karin (Hg.), Banking 2000. Perspektiven und Projekte, Wiesbaden 2000, S. 45-56, S. 50.

15 Vgl. Bacher, Urban/Nothhelfer, Robert, Zum Regionalprinzip der Verbundinstitute – eine ak-tuelle Bewertung, in: Zeitschrift für das Gesamte Kreditwesen, Heft 3 (2019), S. 122.

16 Vgl. Auerbach, Christoph, Fusionen deutscher Kreditinstitute. Erfolg und Erfolgsfaktoren am Beispiel von Sparkassen und Kreditgenossenschaften, Wiesbaden 2009, S. 22.

17 Vgl. Pix, Ist es notwendig, S. 51.

2.2 Die Entwicklung des Zahlungsverkehrs der Sparkassen

Gegenwärtig stellt der Zahlungsverkehr nicht nur einen wesentlichen Dreh- und Angelpunkt für die Geschäftätigkeit der Sparkasseninstitute dar, sondern ist zugleich für die Abwicklung alltäglicher Bankgeschäfte der Kunden von substantieller Bedeutung. Die angebotenen Produkte und Dienstleistungen sind dabei facettenreich und haben sich über die Jahrzehnte hinweg evolutionär entwickelt. Die folgenden Unterkapitel liefern einen chronologischen Überblick über die Entwicklung des Zahlungsverkehrs, von den Anfängen, über einschneidende Erlebnisse wie den beiden Weltkriegen bis hin zur Jahrtausendwende.

2.2.1 Von der Gründung bis 1918

Als Vorbild für die zum Ende des 18. Jahrhunderts ausgelöste Gründungswelle der Sparkassen diente die auf Anregung der Hamburger Patriotischen Gesellschaft zur Beförderung der Künste und des Unterrichts im Jahre 1778 gegründete Ersparungsklasse.[18] Die Initiative zur Gründung dieser Sparkassen beruhte auf privaten und kommunalen Forderungen verbunden mit dem Anliegen, „der ärmeren Bevölkerungsschicht eine sichere und verzinsliche Art des Sparens von Notgroschen zu ermöglichen."[19] Diese anfänglich Mentalität, die sozial schwächere Klasse zu einer eigenverantwortlichen Vorsorge zu leiten, um sich vor möglichen Lebensrisiken wie Krankheit, Invalidität und Alter abzusichern, gilt als elementares Leitbild für alle in diesem Zeitraum entstandenen Sparkassen.[20] Daraus abgeleitet ergab sich das Spareinlagengeschäft als wesentlicher Rahmen der Geschäftätigkeit. Infolgedessen beschränkte sich der Zahlungsverkehr der Sparkassen auf die Bareinzahlung und Barauszahlung eben jener Spareinlagen, da bis dato keine gesetzliche Grundlage für den bargeldlosen Zahlungsverkehr bestand.

Mit der Einführung des Übertragbarkeitsverkehrs wurde die Möglichkeit geschaffen, die Spareinlagen der Kunden, welche den Arbeits- oder Wohnort wechselten, von einem Sparkasseninstitut auf ein anderes zu übertragen. Die Abwicklung dieser Übertragungen erwies sich allerding als problematisch, da sie aufbauend auf der Tatsache, dass die wenigsten Sparkassen ein Konto bei der Reichsbank

---

18   Vgl. Geiger, Helmut, Die deutsche Sparkassenorganisation, Frankfurt am Main 1992, S. 13.

19   Pohl, Hans/Rudolph, Bernd/Schulz, Günther, Wirtschafts- und Sozialgeschichte der der deutschen Sparkassen im 20. Jahrhundert, Stuttgart 2005, S. 23.

20   Vgl. Pohl, Hans, Geschichte der Sparkassen im Rheinland, in: Wissenschaftsförderung der Sparkassen-Finanzgruppe e.V. (Hg.), Regionalgeschichte der Sparkassen-Finanzgruppe, Stuttgart 2010, S. 57-94, hier S. 60.

unterhielten, zunächst ausschließlich mittels Geldtransporten in Form von Geldbriefen oder -paketen erfolgte. Aus diesen Umständen resultierte erstmals das Bestreben, eine Überweisungszentrale einzurichten, die den interinstitutionellen Zahlungsverkehr regeln sollte.[21] Den wegweisenden Impuls für die Einführung des Giroverkehrs lieferte Dr. Johann Christian Eberle in Folge des im Jahre 1908 verabschiedeten Reichsscheckgesetzes, welches den Sparkassen die Möglichkeit bot, den Giro- und Scheckverkehr zu realisieren. Im Gegensatz zu dem in den angelsächsischen Ländern bevorzugt praktizierten Scheckverkehr, welcher hierzulande ebenso von der Reichsbank propagiert wurde, kam bei der Sparkassenorganisation in Folge eines intern geführten Diskurses die Frage auf, welche Methode des bargeldlosen Zahlungsverkehrs den Vorzug erhalten sollte. Hierbei setzte sich der Giroverkehr durch und schuf den Anlass zur Eröffnung der ersten sächsischen Girozentrale im Jahre 1909.[22] Im Laufe der folgenden Jahre schlossen sich vermehrt Sparkassen dem Gironetz an, was den Anstoß für die sukzessive Eröffnung von Girozentralen in anderen deutschen Provinzen lieferte. Simultan zu der deutschlandweiten Zunahme der Girozentralen wuchs der Bedarf einer überregionalen Vermittlungsstelle für den Zahlungsverkehr, die einen funktionsfähigen Ferngiroverkehr verwirklichen sollte. Diese Aufgabe wurde durch die Deutsche Girozentrale, welche im Jahre 1918 aus dem Deutschen Zentral Giroverband (DZG) hervorging, realisiert.[23] Diesen Bestrebungen und Maßnahmen zu trotz entfiel der Zuspruch der Kunden für den Giroverkehr zu Beginn bedeutend geringer als erhofft. Demnach konstatieren Pohl et.al, dass das im Einführungsjahr verbuchte Überweisungsvolumen in Höhe von 48 Millionen Mark ein Indiz für die anfängliche Zurückhaltung in der Nutzung des Giroverkehrs darstellte. Diese Zahlen sind einerseits auf die Tatsache zurückzuführen, dass nur wenige Sparkassen den Giroverkehr und die damit verknüpften Girokonten zur Verfügung stellten. Andererseits verbuchten auch diejenigen Sparkassen, die den Giroverkehr in ihre Geschäftstätigkeit aufgenommen hatten, nur einen geringen Anteil der Girogelder an ihren Gesamteinlagen.[24]

---

[21] Vgl. Ashauer, Günter, Von der Ersparungscasse zur Sparkassen-Finanzgruppe. Die deutsche Sparkassenor-ganisation in Geschichte und Gegenwart, Stuttgart 1991, S. 196.

[22] Vgl. Ashauer, Günter, Von der Ersparungscasse zur Sparkassen-Finanzgruppe. Die deutsche Sparkassenor-ganisation in Geschichte und Gegenwart, Stuttgart 1991, S. 198.

[23] Vgl. Ebd., S. 206-210.

[24] Vgl. Pohl, Hans/Rudolph, Bernd/Schulz, Günther, Wirtschafts- und Sozialgeschichte der der deutschen Sparkassen im 20. Jahrhundert, Stuttgart 2005, S. 33 und 68.

2.2.2 Von 1918 bis 1945

Die Grundlage für den Giro- und Scheckverkehr war geschaffen. In den folgenden Jahren stand „der Aufbau eines umfassenden und effizient funktionierenden Giroverkehrssystems"[25] basierend auf den Voraussetzungen, möglichst viele Sparkassen und Kunden mit dem Giroverkehr vertraut zu machen und eine Vereinheitlichung des Zahlungsverkehrs zu erzielen, im Vordergrund der geschäftpolitischen Agenda. Die in den vergangenen Jahren entstandenen selbstständigen Sparkasseninstitute sowie das Vorhandensein eines flächendeckenden Girozentralsystems boten dafür eine günstige Ausgangslage.[26] Laut Mura wurde die Notwendigkeit für einen funktionsfähigen bargeldlosen Zahlungsverkehr durch diverse Maßnahmen in Gang gesetzt: Neben den „Leitsätze[n] für die Ausgestaltung des Überweisungsverkehrs"[27], die eine Vereinheitlichung und allgemeine Verbesserung der Überweisungstechnik realisieren sollten, konnte ein beschleunigtes Überweisungsverfahren durch die Einführung des Eilüberweisungsauftrages im Jahre 1920 gewährleistet werden. Zusätzlich, da in einigen deutschen Einzugsbereichen der Sparkassen der Scheckverkehr zu den Hauptgeschäftsbereichen des Zahlungsverkehrs gehörten, wurden 1923 erstmals einheitliche Scheck-Richtlinien erlassen und auch für das von vereinzelten Girozentralen bereits praktizierte Lastschrift-Einzugsverfahren generelle Grundsätze für dieses Zahlungsverkehrsinstrument geschaffen. Weiterhin wurden diverse Ausprägungen des Auslandszahlungsverkehrs, u.a. der Sparkassenkreditbrief respektive Weltkreditbrief, der zur Bezahlung im Ausland eingelöst werden konnte, in die Geschäftätigkeit implementiert.[28] Die durch die genannten Richtlinien geschaffenen Modalitäten zur Vereinheitlichung der Geschäftsgrundlagen insbesondere im Giroverkehr, sind in erster Linie auf die Bemühungen des Deutschen Sparkassen- und Giroverbandes (DSGV) zurückzuführen. Dieser war im Jahre 1924 aus der Fusion des DZG und des Sparkassenverbandes hervorgegangen und nahm eine dezisiv unterstützende Funktion bei der

---

25 Vgl. Mura, Jürgen, Sparkassenorganisation und Zahlungsverkehr von 1918 bis 1945, in: Mura, Jürgen (Hg.), Der Zahlungsverkehr der Sparkassenorganisation – historische Entwicklung und Zukunftsperspektiven, Stuttgart 1995, S. 35-50, hier S. 35.

26 Vgl. Mura, Jürgen, Sparkassenorganisation und Zahlungsverkehr von 1918 bis 1945, in: Mura, Jürgen (Hg.), Der Zahlungsverkehr der Sparkassenorganisation – historische Entwicklung und Zukunftsperspektiven, Stuttgart 1995, S. 35-50, hier S. 35.

27 Vgl. Ebd., S. 36.

28 Vgl. Ebd., S. 36-39.

Ausweitung des Zahlungsverkehrs ein.[29] Die angeführten Maßnahmen sowie die einsetzende Inflation zu Beginn der 1920er Jahre führten dazu, dass der Giroverkehr erstmals seit der Gründung des Sparkassenverbundes einen wesentlichen Dreh- und Angelpunkt in der Geschäftstätigkeit darstellte und dass bis dahin dominierende Spareinlagengeschäft ablöste. Konkret bedeutete dies, dass sich die Relation zwischen Spareinlagen und Girogeldern zum späteren Verlauf der Geldentwertung umgekehrt hatte: Während 1920 noch rund 80 % der privaten Gelder in die Spareinlagen flossen, verbuchte die Sparkasse drei Jahre später einen rapiden Zuwachs der Giroeinlagen, die die Spareinlagen nun in einem Verhältnis von 11:1 überragten. Zurückzuführen ist dieses Resultat darauf, dass deutlich mehr Sparkassenkunden Girokonten eröffneten, da diese aufgrund einer geringen bis hinzu nicht existenten Verwaltungsgebühr sowie einem Guthabenzins lukrativ erschienen.[30] Von ebenfalls substantieller Bedeutung war die Tatsache, dass die Kunden der wachsenden Geldentwertung entgegenwirken konnten, indem sie unmittelbar und vollständig über ihre Giroeinlagen verfügen konnten und ihren bargeldlosen Zahlungsverkehr abwickeln konnten, ohne einen Wertverlust zu riskieren.[31]

Erst zum Höhepunkt der Inflation war auch der bargeldlose Zahlungsverkehr nicht mehr dazu fähig, seinen Aufgaben ordnungsgemäß nachzukommen, „weil selbst die schnellste Überweisung [von] der Geldentwertung"[32] überholt wurde, was die Sparkassen dementsprechend vor erhebliche Herausforderungen stellte.[33] In der im Anschluss an die Inflation anknüpfenden Phase der Währungsstabilisierung war es das Bestreben der Sparkassenorganisation und insbesondere des DSGV, den bargeldlosen Zahlungsverkehr wiederzubeleben und zu fördern. Der durch bewusste Werbung erzielte Erfolg dieser Bemühungen spiegelte sich nicht nur in der Nutzung des bargeldlosen Zahlungsverkehrs, sondern auch im Anstieg der

---

[29] Vgl. Ashauer, Günter, Von der Ersparungscasse zur Sparkassen-Finanzgruppe. Die deutsche Sparkassenor-ganisation in Geschichte und Gegenwart, Stuttgart 1991, S. 210.

[30] Vgl. Pohl, Hans/Rudolph, Bernd/Schulz, Günther, Wirtschafts- und Sozialgeschichte der der deutschen Sparkassen im 20. Jahrhundert, Stuttgart 2005, S. 118f.

[31] Vgl. Ebd., S.69.

[32] Vgl. Ashauer, Günter, Von der Ersparungscasse zur Sparkassen-Finanzgruppe. Die deutsche Sparkassenor-ganisation in Geschichte und Gegenwart, Stuttgart 1991, S. 229.

[33] Vgl. Mura, Jürgen, Sparkassenorganisation und Zahlungsverkehr von 1918 bis 1945, in: Mura, Jürgen (Hg.), Der Zahlungsverkehr der Sparkassenorganisation – historische Entwicklung und Zukunftsperspektiven, Stuttgart 1995, S. 35-50, hier S. 40.

Girokonten, die sich binnen sieben Jahren von rund einer Million auf ca. 2,3 Millionen mehr als verdoppelt hatten, wider.[34]

Neue Herausforderung und eine große Belastungsprobe für den Zahlungsverkehr bildete die aus der Weltwirtschaftskrise resultierende Bankenkrise im Jahre 1931, die die Sparkassen an den „Rand der Zahlungsunfähigkeit"[35] manövrierte. Ein entscheidender Impuls für die Entwicklung der Sparkassen und des Zahlungsverkehrs ging vom Deutschen Reich aus, welches das Ziel verfolgte, dafür zu sorgen, dass die Sparkasseninstitute die Krise eigenständig überstehen würden. Der Staat griff unmittelbar in das bis dahin der ausschließlichen Zuständigkeit der Länder untergeordnete Sparkassenrecht ein und erließ Verordnungen, „um die Sparkassen nachhaltig von der kommunalen Finanzsphäre abzukoppeln und ihre Liquidität aktuell und langfristig sicherzustellen."[36] Gleichzeitig wurde in der Konsequenz ein fundamentaler Rahmen des Sparkassenwesens geschaffen, da sowohl die Sparkassen als auch die Girozentralen zu Anstalten des öffentlichen Rechts evolvierten. Einen weiteren Meilenstein zur Festigung des Zahlungsverkehrs bildete die von der Bankenkrise ausgelöste Bankenenquête. Der DSGV erreichte im Rahmen des Abschlussberichts der Enquête die explizite Anerkennung der Geschäftätigkeiten im Bereich des Giroverkehrs und beendete somit die kontroverse Debatte um die von Kritikern geforderte Einengung des Sparkassengeschäfts.[37]

Bis zum Beginn des Zweiten Weltkrieges erfolgte eine durchweg positive Entwicklung des im Fokus liegenden Giroverkehrs. Hierbei ist vor allem von bedeutender Relevanz, dass es weiterhin zu einer beachtlichen Zunahme an Girokonten auf 3,2 Millionen gekommen ist. Ferner konnte das im Rahmen des bargeldlosen Zahlungsverkehrs erfolgte Überweisungsvolumen auf 59 Milliarden Reichs Mark datiert werden.[38] Die zwanghafte Integration der Sparkassen in das nationalsozialistische System führte allerdings zu einem Wandel der geschäftspolitischen Zielsetzung, die ihren Blick fortan auf „die Herstellung eines den Aufgaben des national-

---

34   Vgl. Ebd., S. 43.

35   Pohl, Wirtschafts- und Sozialgeschichte, S. 150.

36   Geiger, Helmut, Die deutsche Sparkassenorganisation, Frankfurt am Main 1992, S.15.

37   Vgl. Geiger, Helmut, Die deutsche Sparkassenorganisation, Frankfurt am Main 1992, S.15.

38   Vgl. Mura, Jürgen, Sparkassenorganisation und Zahlungsverkehr von 1918 bis 1945, in: Mura, Jürgen (Hg.), Der Zahlungsverkehr der Sparkassenorganisation – historische Entwicklung und Zukunftsperspektiven, Stuttgart 1995, S. 35-50, hier S. 43.

sozialistischen Staates entsprechenden Geld- und Kapitalmarktes"[39] legte. Dazu gehörte im Wesentlichen die Bereitstellung von liquiden Mitteln zur Kriegsfinanzierung. Trotz des augenscheinlichen Verlustes ihrer mühselig erworbenen Selbstständigkeit, konstatiert Mura, dass die Sparkassen während der Kriegswirtschaft dennoch darum bemüht waren, den Tenor des Giroverkehrs aufrechtzuerhalten. Der schwerwiegenden Verhältnisse zu trotz, gelang es den Sparkassen weiterhin einen funktionsfähigen Zahlungsverkehr zu gewährleisten sowie sukzessive neue Kunden für den Giroverkehr zu akquirieren.[40]

2.2.3 Von 1945 bis zur Gegenwart

Mit dem Ende der nationalsozialistischen Diktatur richtete die Sparkasse ihren Blickpunkt fortan darauf, den Zahlungsverkehr zu reorganisieren und modernisieren.[41] Den Ausgangspunkt für den tiefgreifenden strukturellen Wandel bildete die Ausweitung der bargeldlosen Lohn- und Gehaltszahlung sowie des In- und Auslandszahlungsverkehrs. Mit der sukzessiven Automatisierung der Geschäftsprozesse, insbesondere der Lohn- und Gehaltszahlung innerhalb diverser Industrie- und Handelsunternehmen, konnte der Giroverkehr erstmals einem Großteil der arbeitenden Bevölkerung nähergebracht werden.[42] Die Sparkassenorganisation profitierte doppelt von dieser bedeutenden Umstellung: Auf der einen Seite verfügten sie bereits über ein umfassendes und flächendeckendes System, um den Zahlungsverkehr abzuwickeln und über Erfahrungen rund um die Thematik der bargeldlosen Lohn- und Gehaltszahlung. Andererseits konnten die Sparkassen durch eben jene Umstellung neue Kunden generieren und diesen aufgrund der veränderten Umstände ein Girokonto vermitteln. Bedeutsamer erscheint allerdings die Tatsache, dass eine nicht zu unterschätzende Aufgabe darin bestand, „die Inhaber der neu eröffneten Lohnkonten über die mit Teilnahme am bargeldlosen Zahlungsverkehr verbundenen Vorteile aufzuklären"[43] und sie für den allgemeinen Zahlungsverkehr zu sensibilisieren. Gemäß Pohl et al. ist daraus ersichtlich, dass die

---

[39] Ashauer, Günter, Von der Ersparungscasse zur Sparkassen-Finanzgruppe. Die deutsche Sparkassenor-ganisation in Geschichte und Gegenwart, Stuttgart 1991, S. 251.

[40] Vgl. Mura, Sparkassenorganisation und Zahlungsverkehr, S. 44.

[41] Vgl. Geiger, Die deutsche Sparkassenorganisation, S. 16.

[42] Vgl. Strohmayr, Werner, Sparkassenorganisation und Zahlungsverkehr von 1945 bis zur Gegenwart, in: Mura, Jürgen (Hg.), Der Zahlungsverkehr der Sparkassenorganisation – historische Entwicklung und Zukunftsperspektiven, Stuttgart 1995, S. 51-78, hier S. 54ff.

[43] Pohl, Hans/Rudolph, Bernd/Schulz, Günther, Wirtschafts- und Sozialgeschichte der deutschen Sparkassen im 20. Jahrhundert, Stuttgart 2005, S. 78.

Sparkassen ein hiesiges Potenzial in den Neukunden vermuteten und davon ausgingen, dass diese künftig die unterschiedlichen Möglichkeiten des Zahlungsverkehrs in Anspruch nehmen würden.[44] Somit ist es nicht überraschend, dass die Sparkassen im Jahre 1957 ihren bisherigen nationalen Zahlungsverkehr um eine beschleunigte Eilüberweisung sowie fernschriftliche Überweisung erweiterten und das Auslandsgeschäft als weiteres tragendes Segment im Zahlungsverkehr aufnahmen. Durch den „Abbau devisenrechtlicher Beschränkungen [...] und das neue Außenwirtschaftsgesetz"[45] war es den Sparkassen erstmals erlaubt, dass bereits ab 1956 bestehende Auslandsgeschäft zu erweitern.[46] Die Expansion des In- und Auslandszahlungsverkehrs sowie die bargeldlose Lohn- und Gehaltszahlung machten den Zahlungsverkehr der Sparkassen zur Drehscheibe des alltäglichen Bankgeschäfts und führten dazu, dass sich zwischen 1950 und 1960 die Anzahl der Girokonten auf rund sechs Millionen verdoppelte und bis 1966 auf ca. elf Millionen Stück anstieg.[47] Simultan konnte eine wachsende Inanspruchnahme des Zahlungsverkehrs verzeichnet werden. Immer mehr Kunden waren dazu geneigt, ihre Geldgeschäfte bargeldlos mittels Dauerauftrag, Lastschrift oder Überweisung auszuführen. Der Zuwachs an Girokonten sowie die Massenhaftigkeit der bargeldlosen Geschäftsvorfälle führten gleichermaßen zu einem erhöhten Arbeitsaufwand und Kostendruck. Die Sparkassen sahen sich demnach dazu gezwungen, adäquate Lösungsmöglichkeiten zu erarbeiten, um diesen Anforderungen gerecht zu werden.[48]

Entsprechende Lösungsmaßnahmen erfolgten ab den 1960er Jahren durch die eingeführte Standardisierung bzw. Automatisierung der Prozessabläufe, die unter dem Leitsatz „Weg vom Papier"[49] den strukturellen Wandel des Zahlungsverkehrs förderte und damit den technischen Fortschritt der Sparkassen initiierte. Das vordergründige Ziel der Sparkassen war es, einen automatisierten, instituts-

---

44 Vgl. Ebd., S. 78.

45 Vgl. Strohmayr, Werner, Sparkassenorganisation und Zahlungsverkehr von 1945 bis zur Gegenwart, in: Mura, Jürgen (Hg.), Der Zahlungsverkehr der Sparkassenorganisation – historische Entwicklung und Zukunftsperspektiven, Stuttgart 1995, S. 51-78, hier S. 55.

46 Vgl. Ebd.

47 Vgl. Ashauer, Günter, Von der Ersparungscasse zur Sparkassen-Finanzgruppe. Die deutsche Sparkassenor-ganisation in Geschichte und Gegenwart, Stuttgart 1991, S. 297.

48 Vgl. Strohmayr, Sparkassenorganisation und Zahlungsverkehr, S. 56.

49 Starke, Wolfgang, Betriebswirtschaftliche und geschäftspolitische Aspekte der Bankautomation, in: Deutscher Sparkassen- und Giroverband (Hg.), Standortbestimmung. Entwicklungslinien der deutschen Kreditwirtschaft, Stuttgart 1984, S. 326-342, hier S. 331.

übergreifenden Zahlungsverkehr zu schaffen sowie einheitliche Systeme und Verfahren zu entwickeln, die für alle Sparkassen allgemeingültig sein würden.[50]

Der durch das Institut für Automation der deutschen Sparkassen und Girozentrale unternommene Versuch zur Standardisierung und Automatisierung von Geschäftsabläufen gilt als erster Schritt für die Herausbildung fundamentaler einheitlicher Zahlungsverkehrstechniken. Hierunter zählen u.a. die Standardisierung von Formularen und allgemeine Grundsätze für den Lastschrifteinzugsverkehr. Ferner wurden Richtlinien für die Bearbeitung von Daueraufträgen mittels innovativer Techniken wie das Lochkartensystem erarbeitet. Mit diesem Verfahren sollte bspw. die optische Beleglesung von Daueraufträgen ermöglicht werden, um die obsolete Vorgehensweise für die Datenerfassung, -speicherung und -auswertung zu ersetzen. Obwohl die Massendaten mithilfe dieses Systems relativ schnell bearbeitet werden konnten, mussten die Zahlungsverkehrsbelege weiterhin beleghaft weitergeleitet werden. Um den Transfer von Zahlungsverkehrsaufträgen beleglos abwickeln zu können, wurden ab Anfang der 70er Jahre entsprechende Maßnahmen ergriffen. Mit der Einführung von Datenträgeraustauschverfahren mittels Magnetbändern und den Datenfernübertragungsnetzen konnten Zahlungsverkehrsbelege beleglos transportiert und zeitgleich Informationen zwischen den beteiligten Banken ausgetauscht werden. Zusätzlich konnte mit der Aufnahme des S.W.I.F.T. Verkehrs „eine vollautomatisierte, belegfreie, sichere und schnelle Abwicklung des Auslandszahlungsverkehrs"[51] gewährleitet werden.[52]

Ab den 1980er Jahre wurde die Wettbewerbssituation für die Sparkassen aufgrund des Aufkommens von Non- und Near-Banks, die verstärkt Bankdienstleistungen im Zahlungsverkehr anboten, erschwert. Die Sparkassenorganisation hat als Allfinanz-Anbieter rechtzeitig erkannt, dass sie ihre Kundschaft nur dann weiter an sich binden können würde, wenn sie weitere Dienstleistungen der Sparkasse in Anspruch nehmen. Die Sparkassen richteten ihren Fokus fortan auf neue Produkte und Serviceleistungen und eine zunehmende Markt- und Kundenorientierung des

---

[50] Vgl. Strohmayr, Werner, Sparkassenorganisation und Zahlungsverkehr von 1945 bis zur Gegenwart, in: Mura, Jürgen (Hg.), Der Zahlungsverkehr der Sparkassenorganisation – historische Entwicklung und Zukunftsperspektiven, Stuttgart 1995, S. 51-78, hier S. 57.

[51] Ebd., S. 62.

[52] Vgl. Ebd. S. 58-64.

Zahlungsverkehrs stand im Mittelpunkt der geschäftspolitischen Agenda.[53] Unter dem Schlagwort der Bankautomation wurden institutsübergreifend Kontoauszugsdrucker und Geldautomaten eingeführt. Die bis dato durch Sparkassenmitarbeiter absolvierten Routinevorgänge im Zahlungsverkehr wurden im Rahmen der Automatisierung auf Selbstbedienung umgestellt. Die dadurch evozierten Herausforderungen in Bezug auf die fortschreitende Technologisierung bedeuteten für die Kunden jedoch gleichermaßen auch ein neues Niveau an Komfort, da sie jederzeit unabhängig von den Öffnungszeiten Bankleistungen in Anspruch nehmen konnten.[54] Ebenfalls von essentieller Bedeutung für die Ausweitung des Zahlungsverkehrs war die Aufnahme des POS-Systems, welches die bargeldlose Zahlung in Handels- und Dienstleistungsunternehmen sicherstellen sollte. Damit die Sparkassenkundschaft die aufgeführten Serviceleistungen nutzen konnte, war es unabdingbar, dass automatenfähige Karten zur Verfügung gestellt würden. Die sukzessive Einführung der Sparkassen-Card sowie der Euro-Card war somit ein weiterer zentraler Bestandteil der Automatisierungswelle und rundet die Entwicklung des Zahlungsverkehrs in den achtziger Jahren ab.[55]

Den jüngsten Schritt im strukturellen Wandel des Zahlungsverkehrs stellt die aufkommende Informations- und Kommunikationstechnologie (IuK) seit den 1980er Jahre dar und bildet zudem den Kern des darauf basierenden thematischen Schwerpunkts der digitalen Revolution. Der gewaltige Fortschritt und die zunehmende globale Verbreitung der IuK wie Internet und Computer hat die Sparkassenlandschaft nachhaltig verändert. Die Introduktion moderner Kommunikationstechnologien in die organisatorischen sowie vertrieblichen Geschäftsprozesse der Sparkassen erfolgte vergleichsweise spät. Dennoch wird ihnen eine ausschlaggebende Dimension mit Hinsicht auf den bereits exerzierten Strukturwandel zuteil. Aufbauend auf den im Rahmen der Rationalisierung durchgeführten Modernisierungsmaßnahmen, haben auch innovative IuK alle Bereiche des Bankgeschäfts durchdrungen und sind zu einem wesentlichen Bestandteil des Zahlungsverkehrs geworden.

---

53 Vgl. Strohmayr, Werner, Sparkassenorganisation und Zahlungsverkehr von 1945 bis zur Gegenwart, in: Mura, Jürgen (Hg.), Der Zahlungsverkehr der Sparkassenorganisation – historische Entwicklung und Zukunftsperspektiven, Stuttgart 1995, S. 51-78, hier S. 65.

54 Vgl. Pohl, Hans/Rudolph, Bernd/Schulz, Günther, Wirtschafts- und Sozialgeschichte der deutschen Sparkassen im 20. Jahrhundert, Stuttgart 2005, S. 359.

55 Vgl. Strohmayr, Sparkassenorganisation und Zahlungsverkehr, S. 65ff.

Mit dem Einsatz des Electronic-Bankings, welcher als Oberbegriff für die Ausprägungsformen Telefon- und Internet-Banking fungiert, leiteten die Sparkassen nicht nur die Auseinandersetzung mit den Anforderungen der beginnenden Digitalisierung ein, sondern ermöglichte sich selbst darüber hinaus, neue Möglichkeiten des Zahlungsverkehrs zu erschließen.[56]

---

[56] Vgl. Wissenschaftsförderung der Sparkassen-Finanzgruppe e.V., Grenzenlose Freiheit, in: Zeiten & Perspektiven. Bilder und Texte zur Geschichte der Sparkassen, Stuttgart 2011, S. 57.

3 Herausforderungen für den Zahlungsverkehr

Die Bankenbranche gehört, wie aus den Ausführungen des vorangegangenen Kapitels hervorgeht, zu den Dienstleistungsbranchen, welche sich nicht nur besonders rasant, sondern auch langfristig wirksam strukturell verändert und weiterentwickelt hat. Rückblickend lässt sich feststellen, dass diese Strukturanalyse ebenfalls für die Sparkassenorganisation zutreffend ist. So wurde u.a. der Zahlungsverkehr, welcher als zentraler Bestandteil der Geschäftstätigkeit gilt, seit der Gründung der Sparkassen mehrfach nachhaltig verändert.[57] So weist die Deutsche Bundesbank in ihrer öffentlichen Analyse zur *Entwicklung des Bankensektors und Marktstellung der Kreditinstitutsgruppen seit Anfang der 1990er Jahre* zusätzlich darauf hin, dass sich in erster Linie die einsetzende Informationstechnologie als Element des strukturellen Wandels für die weitere Revolution des Zahlungsverkehrs als wegweisend für die Sparkassen erwiesen hat.[58] Der technologische Fortschritt und die zunehmenden Bedeutung der Informationstechnologie haben den Sparkassen große Chancen eröffnet. Dies spiegelt sich vor allem in der tiefgreifenden Implementierung der IuK in den 2.2.3 erwähnten Ausprägungen des Zahlungsverkehrs wider. Gleichzeitig sehen sich die Sparkassen mit Hinblick auf die Informationstechnologien und den damit generell veränderten Voraussetzungen gegenwärtig mit immer neuen Herausforderungen konfrontiert.[59] Neben den sowieso schon schwerwiegenden, aus der Finanzkrise 2008 resultierenden Problemen, wie dem anhaltenden Niedrigzinsniveau und der wachsenden Anforderungen an die Regulatorik, müssen die Sparkassen sich mit den Konsequenzen des digitalen Wandels auseinandersetzen. Die bedeutsamsten Herausforderungen sollen im Folgenden thematisiert werden.

Zunächst sei an dieser Stelle der demografische Wandel zu erwähnen, der dafür verantwortlich ist, dass sich Deutschland in den kommenden Jahren grundlegend verändern wird. Zu den prominenten Anforderungen, die die demografische Entwicklung mit sich bringt, gehören einerseits die Folgen der sinkenden

---

57 Vgl. Stahl, Ernst, Strategische Positionierung in einem veränderten Wettbewerb, in: Bartmann, Dieter (Hg.), Innovationen im Retail Banking. Der Weg zum erfolgreichen Privatkundengeschäft, Weinheim 2005, S. 15-44, hier S. 34.

58 Vgl. Deutsche Bundesbank, Entwicklung des Bankensektors und Marktstellung der Kreditinstitutsgruppen seit Anfang der neunziger Jahre, in: Monatsbericht / Deutsche Bundesbank, Nr. 3 (1998), S. 33.

59 Vgl. Linseisen, Anita, Die Bedeutung des Internets für das Bankgeschäft der Zukunft, in: Riekeberg, Marcus/Stenke, Karin (Hg.), Banking 2000, S.263-274, hier S. 270.

Bevölkerungszahl, die aus einer unterdurchschnittlichen Fertilitätsrate abgeleitet werden kann. Auf der anderen Seite verändert sich die Altersstruktur der deutschen Gesellschaft und führt zu einer immer höheren Lebenserwartung.[60] Die Folgen aus dem zunehmenden Anstieg in der Lebenserwartung und der sinkenden Bevölkerungszahl sind bereits heute schon in einem veränderten Aufbau der deutschen Gesellschaft zu erkennen und spiegeln sich nicht zuletzt in der aktuellen Verteilung der Generationentypologie wider. Gleichzeitig stellen der fortschreitende Trend des demografischen Wandels sowie die veränderte Generationenstruktur eine geschäftspolitische Herausforderung für die Sparkassenorganisation dar. Von besonderer Bedeutung ist hierbei, „welchen Einfluss eben jene Entwicklung auf die Geschäftstätigkeit und insbesondere des Zahlungsverkehrs von Sparkassen haben wird und welche Handlungsansätze zum Umgang mit den Auswirkungen des demografischen Wandels notwendig sind."[61] Denn ihre Bindung an das den Sparkassen eigene Regionalprinzip bedingt, dass diese den Konsequenzen des demografischen Wandels nicht einfach ausweichen und in weniger betroffene Regionen abwandern können. Stattdessen verpflichten das Regionalprinzip sowie der öffentliche Auftrag die Sparkassen zum Verbleib und zur noch intensiveren Förderung der Wirtschaft innerhalb des Gewährträgergebietes.[62] Um dementsprechend agieren zu können ist es unabdinglich, dass die Sparkassen künftig die Anforderungen der regional vorherrschenden Generationsstrukturen in der Ausrichtung ihres Geschäftsmodells berücksichtigen, um daraus zielorientiert Lösungsstrategien für ihren Zahlungsverkehr abzuleiten. Daher bietet es sich an dieser Stelle an, zu analysieren, wie die derzeitige Generationenstruktur aufgebaut ist und welche Anforderungen sie in Zukunft an die Sparkassen-Finanzgruppe stellen wird.

---

[60] Vgl. Leschke, Sarah-Magdalena, Marketingabhängige Kundenwertbestimmung für Banken. Modellierung des Zusammenhangs von Preisstrategie und Customer Lifetime Value (CLV) unter Berücksichtigung demografischer Effekte, Hamburg 2014, S. 25f.

[61] Haasis, Heinrich, Demographischer Wandel aus Sicht der Sparkassen, in: Juncker, Klaus/Nietert, Bernhard (Hg.), Demographic Banking. Demographische Entwicklung als Herausforderung für Kreditinstitute, Frankfurt am Main 2010, S. 71-92, hier S. 71.

[62] Kipker, Ingo, Demografischer Wandel und Bankstrategie – Implikation für Strategien und Geschäftsmodelle von Regionalbanken, in: Juncker, Klaus/Nietert, Bernhard (Hg.), Demographic Banking. Demographische Entwicklung als Herausforderung für Kreditinstitute, Frankfurt am Main 2010, S. 39-50, hier S. 40.

Aus diesem Zweck empfiehlt es sich, die von Barclays publizierte Darstellung der aktuellen Generationenverteilung anzuführen, um erste Rückschlüsse in Bezug auf die erwähnten Anforderungen abzuleiten. Darüber hinaus ist es ebenso notwendig, die Prioritäten und Präferenzen der einzelnen Generationen zu beachten.

Charakteristik	Nachkriegsgene- ration (bis 1945)	Baby Boomer (1945-1960)	Generation X (1961-1980)	Generation Y (1981-1995)	Generation Z (ab 1996)
Technologische Affinität	kaum vorhanden	Early IT Adaptors	Digital Immigrants	Digital Natives	Technoholics
Produkt	Automobil	Fernseher	Computer	Tablet; Smartphone	Wearables
Kommunikationsart	Brief	Telefon	E-Mail; SMS	Social Media	Smart Device (Facetime, o.Ä.)
Bevorzugte Art des Bankings	vor Ort	vor Ort; nur selten online	vermehrt online; vor Ort	Überwiegend online; selten vor Ort	Online- und Crowd-Banking

Tabelle 1: Generationen in Deutschland
Quelle: Eigene Darstellung in Anlehnung an Barclays (Hg.), Talking About My Generation, 2013, S. 13

Wie aus der Abbildung ersichtlich, existieren zurzeit fünf Generationen, die sich mitunter in den Aspekten ihrer Kommunikations-, Technologie- und Finanzpräferenzen deutlich voneinander abheben. Insbesondere die jungen, technologisch affinen Generationen, die in einer zunehmend digitalisierten Welt leben, profitieren von zahlreichen informationstechnologischen Nutzungsmöglichkeiten in sämtlichen Lebensbereichen, darunter auch das Bankgeschäft inkl. des Zahlungsverkehrs. Dies trifft vor allem auf die Generationen Y und Z zu, welche in einem Umfeld ununterbrochener Konnektivität sowie augenscheinlich unerschöpflicher digitaler Innovationen aufgewachsen sind. Es erscheint kaum überraschend, dass eben jene Generationen als Digital Natives respektive Technoholics bezeichnet werden. Hellenkamp zufolge besitzen die Informationstechnologien für diese einen besonders hohen Stellenwert, was sich in einem deutlich veränderten Nutzungsverhalten gegenüber den anderen Altersgruppen niederschlägt.[63] Der Digitalisierungsbericht der medienanstalten aus dem Jahre 2014 unterstützt diese These und zeigt eindringlich, dass der überwiegende Teil der Generationen Y und Z ihre mobilen Endgeräte auch zur Nutzung des Mobile-Banking nutzt. Darüber hinaus ergab die Befragung, dass in erster Linie ein hohes Maß an Transparenz, die zeitlich und örtliche Flexibilität und Ungebundenheit sowie Schnelligkeit und Bequemlichkeit zu den ausschlaggebenden Vorteilen zählen, die die aufgeführten Generationen bei der Nutzung präferieren.[64]

Aus dem hier ersichtlichen digitalen Wandel leitet sich ein verändertes Konsumentenverhalten ab, auf welches die Sparkassen samt ihrer Finanzprodukte und -dienstleistungen adäquat reagieren müssen.[65] Demnach ist es unerlässlich, die Produktpalette, darunter vor allem jene aus dem Zahlungsverkehr, auf die Prioritäten und Präferenzen der nachrückenden Generationen auszurichten und dabei auch verstärkt den Blickwinkel der Kunden einzunehmen. Heutige sowie auch künftige Kundenbedürfnisse müssen erfasst und antizipiert werden und die von den Kunden genutzten Technologien sollten im sparkasseneigenen Produkt- und

---

[63] Vgl. Hellenkamp, Detlef, Generation Y: Bankkunden im Zeitalter der Digitalisierung, in: Hellenkamp, Detlef/Fürderer, Kai, Handbuch Bankvertrieb. Theorie und Praxis im Zukunftsdialog, Wiesbaden 2016, S. 383-396, hier S. 383f.

[64] Vgl. Hasebrink, Uwe/Hölig, Sascha, Die Verbreitung digitaler Endgeräte im internationalen Vergleich, in: die medienanstalten – ALM GbR (Hg.), Digitalisierungsbericht. Alles fließt! Neue Formen und alte Muster, Berlin 2014, S. 62-70, hier S. 67.

[65] Vgl. Hellenkamp, Detlef, Generation Y: Bankkunden im Zeitalter der Digitalisierung, in: Hellenkamp, Detlef/Fürderer, Kai, Handbuch Bankvertrieb. Theorie und Praxis im Zukunftsdialog, Wiesbaden 2016, S. 383-396, hier S. 390.

Dienstleistungsangebot umfassend berücksichtigt werden. Andernfalls werden die Kunden mit Lösungsansätzen konfrontiert, die ihre Bedürfnisse nur zum Teil und nicht ganzheitlich abdecken. Zu diesem Ergebnis ist auch die im Jahre 2019 veröffentlichte Studie der Sparkassen Innovation Hub gekommen, die die Banking-Vorlieben der Generation Y untersuchte.[66]

Im Folgenden wird daher die steigende Erwartungshaltung als wesentlicher Teil des veränderten Kundenverhaltens dargestellt, die aus dem vorangegangenen Generationenwandel hervorgehen und als weitere Herausforderungen für die Sparkassen gelten. Linseisen zufolge eröffnet die neuartige Informationstechnologie den Sparkassenkunden eine verbesserte Informationskultur, welche ihnen ein vollständiges Vergleichspotential zwischen Finanzangeboten konkurrierender Dienstleister ermöglicht und so für ein hohes Maß an Markttransparenz sorgt.[67] Aus dieser neuen Informationsmacht der Kunden ergeben sich in der Konsequenz zwei dichotome Verhaltensweisen: Einerseits bestärkt eine umfangreiche Informationsgrundlage die Sparkassenkunden in eine augmentierte Verhandlungsposition in diversen Verkaufssituationen, d.h. die Kunden sind über die Differenzierung der Angebote verschiedener Wettbewerber aufgeklärt und somit in der Lage, selbständig Vergleiche zu vollziehen.[68] Gewissermaßen suggeriert diese Entwicklung die Transformation von einem Verkäufer- zu einem Käufermarkt.[69] Andererseits verleitet die Informationsfülle des Internets einige Kunden zu einer kognitiven Überbelastung. Die adäquate Verarbeitung und Einordnung der recherchierten Informationen misslingt und führt den Kunden dazu, nach vereinfachten Entscheidungsregeln zu handeln.

---

[66] Vgl. IT-Finanzmagazin (Hg.), Casual Banking: Sparkassen erforschen im S-Hub Banking-Vorlieben der Millenials (2019), online verfügbar: https://www.it-finanzmagazin.de/casual-banking-sparkassen-erforschen-banking-vorlieben-der-millennials-87323/, abgerufen am: 21.07.2019.

[67] Vgl. Linseisen, Anita, Die Bedeutung des Internet für das Bankgeschäft der Zukunft – Technologischer Fortschritt oder Revolution?, in: Riekeberg, Marcus/Stenke, Karin (Hg.), Banking 2000, Wiesbaden 2000, S. 263-274, hier S. 270.

[68] Vgl. Mayer, Nadine, Financial Capability in der Kunde-Bank-Beziehung, Eine wissensbasierte Analyse und Modellkonzeption, Wiesbaden 2018, S. 24.

[69] Vgl. Stahl, Ernst, Strategische Positionierung in einem veränderten Wettbewerb, in: Bartmann, Dieter (Hg.), Innovationen im Retail Banking. Der Weg zum erfolgreichen Privatkundengeschäft, Weinheim 2005, S. 15-44, hier S. 34.

Hieraus resultiert zumeist eine ausschließliche Orientierung am günstigsten Produkt im Rahmen der Preissensitivität, was sich, so konstatiert Mayer, jedoch gerade im Bereich der Finanzdienstleistungen als wenig passend erweist.[70]

Neben dieser Preissensitivität und dem aufgeführten Informationsvorsprung leiten sich drei weitere Kundenbedürfnisse aus dem veränderten Kundenverhalten ab. Der digitale, moderne Sparkassenkunde erwartet bequeme Erreichbarkeit, allzeitige Verfügbarkeit, einen problemlosen Wechsel zwischen diversen Kanälen und insbesondere ein individualisiertes, differenziertes Serviceangebot.[71] Dabei ist es unabdinglich, dass die Finanzprodukte auf die individuellen Bedürfnisse ausgerichtet sind. Eine „oberflächliche Massenkommunikation hinsichtlich der Produkte und Leistungen stößt angesichts dieses Wunsches auf wenig Resonanz seitens der Kunden"[72] und wäre somit nur von abgeleitetem Nutzen. Über die genannten veränderten Kundenbedürfnisse hinaus resultieren für die Sparkassen aus dem zunehmend digital erfolgenden Bankgeschäft eine rar gewordene Gelegenheit des persönlichen Kundenkontakts. In erster Linie bevorzugen die Generation Y und Z das Online-Banking sowie die zunehmend selbständige Abwicklung ihres täglichen Zahlungsverkehrs und suchen nur noch selten eine Sparkassenfiliale auf. Es sei denn, es handelt sich um komplexere, einer Beratung unausweichliche Angelegenheit.[73] Aus Sparkassensicht wird in diesem veränderten Aspekt der Banknutzung eine intensive Kunde-Bank-Bindung aufgelöst bzw. sogar im Vorfeld verhindert. Damit erlischt die bisher gekannte klassische Hausbankbeziehung in ihren Fundamenten, der Exklusivität und Langfristigkeit.[74] Konkret geht dieses neue Kundenverhalten mit einer erhöhten Abwanderungsrate und einer gleichermaßen sinkenden Bankloyalität einher, die Linseisen bereits zur Jahrtausendwende prognostizierte.[75]

---

[70] Vgl. Mayer, Nadine, Financial Capability in der Kunde-Bank-Beziehung, Eine wissensbasierte Analyse und Modellkonzeption, Wiesbaden 2018, S. 24.

[71] Vgl. Gulden, Julian, Automatisierte Geldanlage. Determinanten und Einflussbedingungen der Akzeptanz von Investment Management FinTechs, Wiesbaden 2018, S. 40ff.

[72] Schuster, Hannes/Hastenteufel, Jessica, Die Bankenbranche im Wandel. Status Quo und aktuelle Herausforderungen, Baden-Baden 2019, S. 62.

[73] Vgl. Gulden, Automatisierte Geldanlage, S. 40.

[74] Vgl. Mayer, Financial Capability, S. 26.

[75] Vgl. Linseisen, Anita, Die Bedeutung des Internets für das Bankgeschäft der Zukunft – Technologischer Fortschritt oder Revolution?, in: Riekeberg, Marcus/Stenke, Karin, Banking 2000, Wiesbaden 2000, S. 263-274, hier S. 270.

Schließlich tragen die verbesserten, modernen Informationstechnologien dazu bei, dass der Zugang zum allgemeinen Bankenmarkt für neue Mitwettbewerber vereinfacht wird. Solche verringerte Markteintrittsbarrieren haben zur Folge, dass sich neue Finanzdienstleister in sämtlichen Bereichen des Bankgeschäfts inkl. des Zahlungsverkehrs platzieren und effektiver etablieren können. Diese Entwicklung wird durch die vorher erläuterte Online-Geschäftsfreudigkeit der jüngeren Generationen katalysatorartig gefördert, da Unternehmen aus dem banknahen Umfeld sowie Nicht-Banken ohne die zwingende Notwendigkeit der physischen Präsenz in Form eines Filialnetzes am Markt intervenieren.[76] Zu den banknahen Dienstleistern gehören vornehmlich die sogenannten FinTechs, welche „mit Hilfe des Internets zunehmend in den Wettbewerb um das lukrative Geschäft mit der Geld- und Vermögensanlage für Privatkunden"[77] drängen. Die, in diesem Kapitel erarbeiteten, veränderten Kundenbedürfnisse werden von eben diesen hauptsächlich digital-agierenden Anbietern besser erfasst und umgesetzt.[78] Die vermehrt vorkommenden Markteintritte und vor allem die durch das Internet schnell erfolgende Etablierung im Konkurrenzkampf mit traditionellen Kreditinstituten führen bereits aktuell aber auch in der Zukunft zu einem sukzessive voranschreitenden Verdrängungswettbewerb, der etablierte Institute wie die Sparkassen vor große Probleme stellt. Die Einbußen, mit welchen die Sparkassen und allgemein der Bankensektor durch die Gefährdung in Form solcher FinTechs kalkulieren sollten, werden sich laut Prognose auf bis zu einem Drittel belaufen.[79] Ebenso konstatiert Brock, dass Sparkassen bereits „im Wettbewerb mit anderen finanziellen Mittlern [...] wie zum Beispiel Non- und Near-Banks"[80] Verluste hinnehmen mussten und prophezeit eine

---

[76] Vgl. Lister, Michael, Die Perspektiven deutscher Kreditinstitute unter dem Druck von Niedrigzinsen, Regulierung und Digitalisierung, in: Böhnke, Wolfgang/Rolfes, Bernd (Hg.), Neue Erlösquellen oder Konsolidierung? – Geschäftsmodell der Banken und Sparkassen auf dem Prüfstand. Beiträge des Duisburger Banken-Symposiums, Wiesbaden 2018, S. 1-30, hier S. 29.

[77] Vgl. Linseisen, Linseisen, Anita, Die Bedeutung des Internets für das Bankgeschäft der Zukunft – Technologischer Fortschritt oder Revolution?, in: Riekeberg, Marcus/Stenke, Karin, Banking 2000, Wiesbaden 2000, S. 263-274, hier, S. 270.

[78] Vgl. Schuster, Hannes/Hastenteufel, Jessica, Die Bankenbranche im Wandel. Status Quo und aktuelle Herausforderungen, Baden-Baden, 2019, S. 88.

[79] Vgl. Gruber, Janne/Bouché, Georg, Umdenken im Vertrieb -Die Digitalisierung des Privatkundengeschäfts, in: Seidel, Marcel (Hg.), Banking und Innovation 2017. Ideen und Erfolgskonzepte von Experten für die Praxis, Wiesbaden 2017, S. 31-48, hier S. 33.

[80] Vgl. Brock, Harald, Vom Mono- zum Multichannel-Management – Nur wer die Vergangenheit kennt, kann die Zukunft erfolgreich gestalten, in: Brock, Harald/Bieberstein, Ingo, Multi- und Omnichannel-Management in Banken und Sparkassen. Wege in eine erfolgreiche Zukunft, Wiesbaden 2015, S. 29-52, hier S. 50.

ähnliche Entwicklung in Bezug auf die FinTechs. Dementsprechend stellen die marktbedingten Vorteile der FinTechs aus der Sicht von alteingesessenen Finanzinstituten wie den Sparkassen eine weitere ernstzunehmende Gefahr dar. Zusammenfassend bedeutet dies, dass die Lukrativität der Finanzdienstleistungsbranche aufgrund der verminderten Markteintrittsbarrieren, der antiproportional steigenden Kundenmacht sowie des Angebots innovativer Finanzprodukte seitens der FinTechs stark reduziert wurde, woraus sich ein unbedingter Handlungsbedarf für die Sparkassenorganisation ergibt.[81] Damit Sparkassen künftig erfolgreich bleiben, ist es nicht ausreichend, den Status Quo aufrechtzuerhalten. Vielmehr sind die Sparkassen dazu aufgefordert, die „Erhaltung, Schaffung und Verbesserung der Wettbewerbsfähigkeit [...] auf Basis [ihrer] Technologie- und Innovationsaktivitäten"[82] zu verfolgen. Dies schließt ebenso mit ein, dass die Sparkassen ihre traditionellen Geschäftsbereiche überdenken und sich an den gegebenen respektive wandelnden Umweltbedingungen und Kundenbedürfnisse orientieren und infolgedessen ihre strategische Ausrichtung neu positionieren gemäß dem Motto: „Wer überleben will, ist gezwungen, sich neu zu definieren."[83]

---

[81] Vgl. Stahl, Ernst, Strategische Positionierung in einem veränderten Wettbewerb, in: Bartmann, Dieter (Hg.), Innovationen im Retail-Banking, Weinheim 2005, S. 15-44, hier S. 35.

[82] Stahl, Ernst, Strategische Positionierung in einem veränderten Wettbewerb, in: Bartmann, Dieter (Hg.), Innovationen im Retail-Banking, Weinheim 2005, S. 15-44, hier S. 35.

[83] Allen, James/Zook, Chris, Erfolgsfaktor Kerngeschäft. Zeitlose Strategien für Wachstum und Innovation, München 2001, S. 151.

4 Finanztechnologie

Der deutsche Bankensektor und speziell die Sparkassenorganisation beginnen kontinuierlich, sich mit den Anforderungen der Digitalisierung und der veränderten Erwartungshaltung der Kunden auseinanderzusetzen. Viel zu lange haben die Kreditinstitute ihr traditionelles Geschäftsmodell verfolgt und waren sich nicht darüber bewusst, dass innovative Technologien für die zukünftige Geschäftstätigkeit essentiell sein würden. Demnach ist es nicht überraschend, dass Sparkassen seit den letzten Jahren maßgeschneiderte, innovative finanztechnologische Produkte auf den Markt bringen, deren Zielrichtung und Ausgestaltung dem Vorgehen der FinTechs entsprechen. Für die Sparkassen gestaltet sich diese strategische Neuausrichtung allerdings problematisch, denn sie sind überdies zu sehr mit den aus der Finanzkrise 2008 resultierenden regulatorischen Anforderungen und der anhaltenden Niedrigzinsphase beschäftigt sowie „zu tief in Legacy-IT-Infrastrukturen und Applikationslandschaften gefangen, um den frei von Altlasten agierenden FinTechs überzeugend entgegentreten zu können.“[84] Diese erschwerenden Faktoren begünstigen den rasanten Markteintritt der FinTechs in die Finanzdienstleistungsbranche und ermöglichen ihnen, den Sparkassen Marktanteile streitig zu machen. Bevor eine adäquate Aussage getroffen werden kann, inwiefern FinTechs den Zahlungsverkehr der Sparkassen beeinflussen und welche potenziellen Auswirkungen daraus resultieren, erscheint es daher sinnvoll, im folgenden Kapitel die wesentlichen Eigenschaften deutscher FinTechs darzustellen.

4.1 FinTechs allgemein

Der Begriff Finanztechnologie, kurz FinTech, ist vergleichsweise jung und hat sich erst in den vergangenen Jahren im breiten Sprachgebrauch der Öffentlichkeit manifestiert. FinTechs können nicht durch eine einschlägige, allgemeingültige Definition bestimmt werden. Dies ist insbesondere darauf zurückzuführen, dass die zum Teil „unterschiedlichen Geschäftsmodelle und der oft ungleich ausgestalteten Produkte und Dienstleistungen“[85] der FinTech-Unternehmen unterschiedlichen

---

84 Schmitz, Christopher/Müller-Tronnier, Dirk, FinTechs – Revolution oder Hype?, in: Brühl, Volker/Dorschel, Joachim (Hg.), Praxishandbuch Digital Banking, Wiesbaden 2018, S. 31-47, hier S. 46.

85 Dorfleitner, Gregor/Hornuf, Lars, FinTech-Markt in Deutschland, in: Bundesfinanzministerium (2016), online verfügbar: http://www.bundesfinanzministerium.de/Content/DE/Standardartikel/Themen/Internationales_Finanzmarkt/2016-11-21-Gutachten-Langfassung.pdf%3F_blob%3DpublicationFile, abgerufen am 05.08.2019.

Rechtsnormen unterliegen und eine Legaldefinition erschweren.[86] Die intensive Auseinandersetzung mit der zugrundliegenden Fachliteratur hat ergeben, dass FinTech lediglich ein Sammelbegriff für Phänomene fundamental ähnlicher Art ist. Demnach setzt sich der Neologismus FinTech aus den beiden Bestandteilen *Financial Service* und *Technology* zusammen und wird übergreifend für alle Unternehmen genutzt, welche kundenzentrierte B2C- und B2B-Finanzdienstleistungen basierend auf der Nutzung moderner Informationstechnologien entwickeln und dabei überwiegend aus dem bankfernen Milieu abseits der traditionellen Kreditwirtschaft stammen.[87] In diesem Zusammenhang zählen nicht nur die Unternehmen, die Finanzdienstleistungen für den Bankenbereich anbieten zu den FinTechs, sondern auch solche, die Versicherungen und finanznahe Dienstleistungen vertreiben, als Drittanbieter vermitteln oder als Bereitsteller von innovativen Technologien agieren.[88] Weiterhin gehören auch traditionelle Kreditinstitute wie die Sparkassen zu den Entwicklern von finanztechnologischen Lösungen. Die innovations- und kundenorientierten Geschäftsmodelle der FinTechs verweisen auf die unternehmensübergreifende Zielsetzung aller Finanztechnologien. Hierbei lassen sich bedeutende Wesensmerkmale und Gemeinsamkeiten von FinTechs ableiten, die anhand des CLASSIC-Prinzips nach EY punktuell betrachtet werden sollen:[89]

---

[86] Vgl. Ebd.

[87] Vgl. Tiberius, Victor/Rasche, Christoph, Disruptive Geschäftsmodelle von FinTechs: Grundlagen, Trends und Strategieüberlegungen, in: Tiberius, Victor/Rasche, Christoph (Hg.), FinTechs. Disruptive Geschäftsmodelle im Finanzsektor, Wiesbaden 2017, S. 1-26, hier S. 5.

[88] Vgl. Dorfleitner, FinTech-Markt, abgerufen am 05.08.2019.

[89] Vgl. Gulden, Julian, Automatisierte Geldanlage. Determinanten und Einflussbedingungen der Akzeptanz von Investment Management FinTechs, Wiesbaden 2018, S. 44.

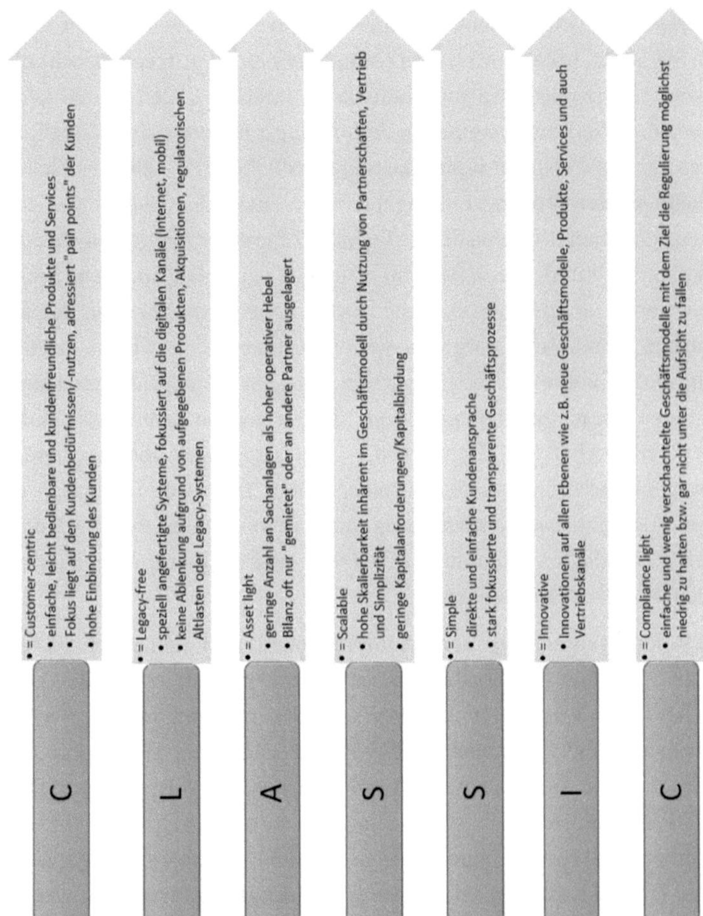

Abbildung 1: Charakteristik von FinTech-Unternehmen
Quelle: Eigene Darstellung in Anlehnung an Gulden, Automatisierte Geldanlage, 2019, S. 44

FinTechs treten in der Regel als so genannte Non-Banks auf, die ohne Banklizenz operieren und nicht ähnlich strengen Regulierungen, wie der Beaufsichtigung durch die BaFin, unterworfen sind (*compliance light*).[90] In Anbetracht dieses Faktors, sowie durch den Einsatz von künstlicher Intelligenz, Distributed-Ledger-Technologien und Big-Data Systemen in Verbindung mit moderner IuK-Technologie, gelingt es den FinTechs laut Kunschke und Schaffelhuber deutlich einfacher, die traditionelle Art der Leistungserbringung in den Finanzdienstleistungen zu revolutionieren.[91] Zusätzlich greifen die FinTechs im Zuge eines Disintermediationsprozesses aktiv in die Kunde-Bank-Beziehung ein und versuchen so eigene Schnittstellen zu generieren, um infolgedessen die Marktanteile der klassischen Banken streitig zu machen. Durch diese Vorgehensweise gelingt es den FinTechs, bestehende Finanzprodukte und -dienstleistungen von etablierten Kreditinstituten herauszufordern, indem sie die Kunden und deren finanzbezogene Bedürfnisse in den Mittelpunkt ihrer Geschäftstätigkeit rücken.[92] Somit ist es nicht überraschend, dass FinTechs gemäß der Dimensionen *customer-centric*, *innovative* und *simple* die individuellen Kundenprobleme situationsgerecht sowie transparent mit Hilfe von modernen Technologien lösen und auf die vorherrschenden Kundenbedürfnisse mit simplen Dienstleistungen eingehen.

Einen weiteren ausschlaggebenden Impuls konstituiert die Tatsache, dass FinTechs nicht im Stile einer Universalbank agieren, sondern sich auf ein Glied der finanzwirtschaftlichen Wertschöpfungskette spezialisieren. Dadurch werden bankseitige Schwachstellen in dem gewählten Bereich identifiziert und darauf aufbauend eigene Optionen in Anlehnung an bekannte Finanzdienstleistungsprodukten entwickelt, die die etablierten Angebote allmählich substituieren sollen.[93] Insbesondere der Zahlungsverkehr mit seinen geringen Markteintrittsbarrieren hat sich im Laufe der Zeit für eine solche Spezialisierung als hochgradig lukrativ erwiesen und hat zahllose FinTech-Anbieter hervorgebracht, darunter das wohl prominenteste Beispiel PayPal. Die Spezialisierung unterstützt die FinTech-Unternehmen ferner bei ihrem Vorhaben, die Kundenbedürfnisse flexibler, effizienter und oft kosten-

---

[90] Vgl. Schuster, Hannes/Hastenteufel, Jessica, Die Bankenbranche im Wandel. Status Quo und aktuelle Herausforderungen, Baden-Baden 2019, S. 90.

[91] Vgl. Kunschke, Dennis/Schaffelhuber, Kai, FinTechs. Grundlagen – Regulierung – Finanzierung – Case Studies, Berlin 2018, S. 15.

[92] Vgl. Ebd., S. 18f.

[93] Vgl. Schuster, Hannes/Hastenteufel, Jessica, Die Bankenbranche im Wandel. Status Quo und aktuelle Herausforderungen, Baden-Baden 2019, S. 92f.

günstiger zu befriedigen. Letzteres spiegelt sich in den Dimensionen *legacy fee* und *asset light* wider und ist ferner der Tatsache geschuldet, dass FinTechs vornehmlich digitale, internetbasierte Unternehmen sind, die weder einer physischen Präsenz noch einer hohen Zahl an Mitarbeitern bedürfen und dadurch liberalisierter in ihrer Preisgestaltung sind.[94]

Die besagten Schwachstellen der traditionellen Banken werden von den FinTechs auf- und angegriffen, wodurch sie versuchen, den Markt zu überholen und nachhaltig zu verändern. Ihnen wird aufgrund dessen der Ruf als game changer für die bahnbrechende Revolution der Bankenlandschaft zuteil. Darauf beruhend wird ihnen ebenso häufig ein disruptiver Charakter zugeschrieben. Der Begriff Disruption geht auf Christensen zurück und bezeichnet meist „eine radikale Innovation, die etablierte Produkte oder Dienstleistungen aus dem Markt feg[t]en [soll]."[95] Dabei liegt der Schwerpunkt vieler FinTechs nicht nur auf der Erschütterung des Marktes, sondern auch auf dem bereits angerissenen Demokratisierungsanspruch der Unternehmen. Durch den Aufbruch bestehender Strukturen im Bankensektor sowie der Erziehung des Kunden hin zu einer beinahe „autarken [finanziellen] Selbstversorgung"[96] soll eine Machtverlagerung weg von den Kreditinstituten und hin zu der Kundschaft erfolgen. Letztlich wollen die FinTechs so verbesserte Standards schaffen und im Zuge eines Pioniers neue Markträume für ihre entsprechenden Finanzprodukte erschließen.[97]

4.2 Entwicklung der FinTechs

Einhergehend mit dem vergleichsweisen jungen Alter des FinTech-Begriffs lässt sich kein genaues Geburtsdatum für die Entstehung der FinTechs datieren. Gleichwohl herrscht allgemeiner Konsens bezüglich der Tatsache, dass die Finanzkrise 2008 sowie der daraus resultierende, erhebliche Vertrauensverlust seitens der Bankkunden das schnelle Aufkommen und eine erste anfängliche Gründungswelle der FinTechs begünstigt haben. Der Ärger der Menschen auf den Bankensektor

---

94 Vgl. Ebd., S. 90.

95 Tiberius, Victor/Rasche, Christoph, Disruptive Geschäftsmodelle von FinTechs: Grundlagen, Trends und Strategieüberlegungen, in: Tiberius, Victor/Rasche, Christoph (Hg.), FinTechs. Disruptive Geschäftsmodelle im Finanzsektor, Wiesbaden 2017, S. 1-25, hier S. 12.

96 Ebd.

97 Vgl. Ebd.

sowie die angehende Mündigkeit und Geschäftsfähigkeit der Generation Y haben sich als perfekte Ausgangslage für eine Revolution des Finanzsektors erwiesen.[98]

Anfänglich konstituierte das Phänomen Finanztechnologie jedoch lediglich eine Randerscheinung in der finanzwirtschaftlichen Debatte und die Schlagkraft, die die FinTechs derzeit am Markt ausüben und weiterentwickeln, ließ sich damals kaum prognostizieren. Man ging im Gegenteil, so erwägen auch Schmitz und Müller-Tronnier, davon aus, dass sich die FinTechs erwartungsgemäß kaum am Markt etablieren und stattdessen eine temporäre Erscheinung bleiben würden.[99] Nicht zuletzt die Studie zum FinTech-Markt in Deutschland aus dem Jahre 2016 belegt, dass sich diese erste Expertenprognostik nicht bewahrheitet hat. Demnach zählt der studienrelevante deutsche Markt bis zum Abschlussbericht der wissenschaftlichen Erhebung 433 geschäftstätige FinTech-Unternehmen und konstatiert segmentübergreifend hohe Wachstumsraten von ca. 150% zwischen 2009 und 2015.[100] Simultan ist auch das Interesse der Bevölkerung, symptomatisch am gestiegenen Suchinteresse des Begriffs FinTech in den gängigen Suchmaschinen im Web festgelegt, deutlich gestiegen und verweist auf die Etablierung des Begriffs auch außerhalb der finanzwirtschaftlichen Debatte.[101] Dieses große Interesse am Geschäft mit den FinTechs findet gleichzeitig in der Politik Resonanz und Beachtung: Nicht nur weltweit befasst man sich mit der Gestaltung der für einen stetig wachsenden Wirtschaftszweig notwendigen Rahmenbedingungen und Infrastrukturen. Auch auf deutscher Bundes- und Landesebene bekunden die Regierungen ihre Kenntnisnahme und ihre Innovationsbereitschaft durch diverse Initiativen zur Förderung der FinTech-Entwicklung. Zu diesen Initiativen gehört mitunter das Tech-Quartier in Frankfurt am Main, welches als Zentrum des deutschen FinTech-Ökosystems unterstützt und etabliert werden soll.[102]

---

[98] Vgl. Chrishti, Susanne/Barberis Janos, The FinTech Book: The Financial Technology Handbook for In vestors, Entrepreneurs and Visionaries, Hoboken 2016, S. 21.

[99] Vgl. Schmitz, Christian/Müller-Tronnier, Dirk, FinTechs – Revolution oder Hype?, in: Brühl, Volker/Dorschel, Joachim (Hg.), Praxishandbuch Digital Banking, Wiesbaden 2018, S. 31-47, S. 33.

[100] Vgl. Dorfleitner, Gregor/Hornuf, Lars, FinTech-Markt in Deutschland, in: Bundesfinanzministerium (2016), online verfügbar: http://www.bundesfinanzministerium.de/Content/DE/Standardartikel/Themen/Internationales_Finanzmarkt/2016-11-21-Gutachten-Langfassung.pdf%3F_blob%3Dpublication-File, abgerufen am 05.08.2019.

[101] Vgl. Schmitz, FinTechs, S. 32.

[102] Vgl. Schmitz, Christian/Müller-Tronnier, Dirk, FinTechs – Revolution oder Hype?, in: Brühl, Volker/Dorschel, Joachim (Hg.), Praxishandbuch Digital Banking, Wiesbaden 2018, S. 31-47, S. 32.

Der positive Trend in der Entwicklung der FinTech-Branche spiegelt sich jüngst in einer von der comdirect publizierten Studie wider, welche in der unten aufgeführten Übersicht graphisch dargestellt wird. Diese kommt zu dem Ergebnis, dass die deutschen FinTechs in den vergangenen fünf Jahren ein konstant hohes Investitionsvolumen aufweisen, welches im Jahre 2018 den Rekordwert von 778 Mio. € erzielte. Zusätzlich deutet die Studie, unterstützt durch die ebenfalls datierte Rückläufigkeit der Startups-Gründungen, darauf hin, dass die junge FinTech-Branche sich sukzessive professionalisiert und einen erheblichen Reifungsprozess erlebt.[103] Subsumierend ist festzuhalten, dass das FinTech-Ökosystem in seiner aktuellen Entwicklungsphase weiterhin sehr dynamisch bleibt, was sich nicht nur in den erwähnten, hohen Investitionsvolumina niederschlägt, sondern sich ebenso durch die kontinuierliche Entwicklung neuer Produkte sowie die allmähliche Durchdringung aller Geschäftsbereiche des Finanzwesens äußert.

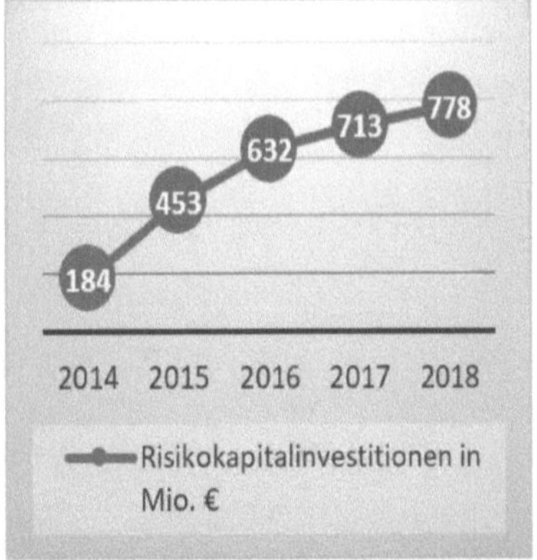

Abbildung 2: FinTech Profil Deutschland
Quelle: Eigene Darstellung in Anlehnung an IT-Finanzmagazin (Hg.), https://www.it-finanzmagazin.de/comdirect-fintech-studie-neuer-rekord-beim-eingesammelten-risikokapital-79534/, 2018

---

[103] Vgl. IT-Finanzmagazin (Hg.), comdirect FinTech-Studie: Neuer Rekord beim eingesammelten Risikoka-Pital (2018), online verfügbar: https://www.it-finanzmagazin.de/comdirect-fintech-studie-neuer-rekord--beim-eingesammelten-risikokapital-79534/, abgerufen am 05.08.2019.

4.3 FinTechs im Zahlungsverkehr

Grundsätzlich lassen sich FinTechs nach ihren Geschäftsmodellen in vier zentrale Segmente kategorisieren, die analog zu den klassischen Zuständigkeits- respektive Wertschöpfungsbereichen der Kreditinstitute korrespondieren. Das FinTech-Ökosystem scheint schon lange nicht mehr als vorübergehendes Phänomen zu gelten. Mittlerweile hat eine Ausdifferenzierung stattgefunden, die die gesamte Produktpalette der Finanzinstitute abdeckt.[104] Die Handlungsfelder der FinTechs variieren sowohl auf Bundesebene als auch am internationalen Markt von innovativen Zahlungsverkehrsprodukten über die Bereitstellung von digitalen Einlagen- und Finanzierungsplattformen bis hin zur allgemeinen Kontoführung.[105] Aus dem nachfolgenden Schema sind neben der genannten Klassifizierung auch die relevantesten Segmente zu erkennen, in denen sich FinTechs platzieren.

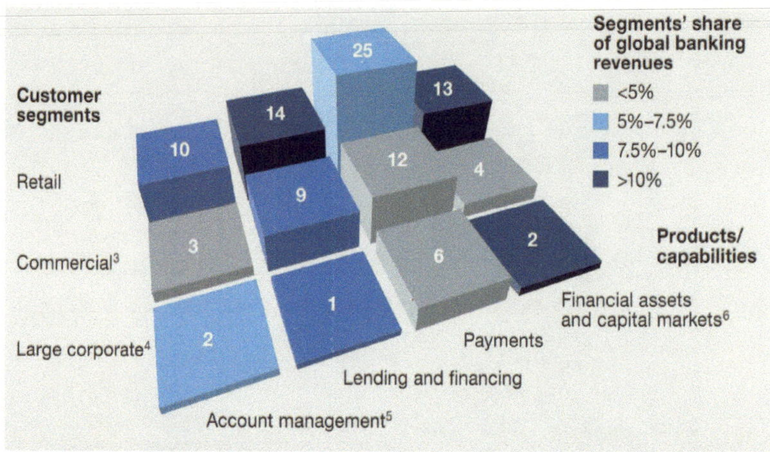

Abbildung 3: FinTech Landschaft in Deutschland
Quelle: McKinsey & Company, FinTechnicolor: The New Picture in Finance, 2016, S. 7

Der überwiegende Teil der FinTechs hat sich frühzeitig in dem Segment des Zahlungsverkehrs im Privatkundenbereich (B2C-Bereich) positioniert und konnte dort eine exponierte Stellung einnehmen. Dies schlägt sich nicht zuletzt in dem hohen

---

[104] Vgl. Manz, Stephan, Digitale Transformation im Banking – lessons learned, in: Brühl, Volker/Dorschel, Joachim (Hg.), Praxishandbuch Digital Banking, Wiesbaden 2018, S. 161-187, hier S. 177.

[105] Vgl. Gulden, Julian, Automatisierte Geldanlage. Determinanten und Einflussbedingungen der Akzeptanz von Investment Management FinTechs, Wiesbaden 2018, S. 46.

prozentualen Anteil in Höhe von 25 Prozent der Payment-FinTechs nieder. Die Berechtigung für diese Fokussierung liegt vor allem in der Tatsache begründet, dass der Zahlungsverkehr als Kernelement der Geschäftstätigkeit für Banken und Sparkassen fungiert, weswegen es nicht überrascht, dass gerade dieser Teil der Wertschöpfungskette ein ähnlich hohes Maß an Attraktivität für die FinTech-Branche aufweist.[106] Ferner weisen Zahlungsverkehrsdienstleistungen und -produkte einen geringen Grad an Komplexität auf und ermöglichen demzufolge triviale Standardisierungsmöglichkeiten.[107] Nicht nur zahlreiche FinTech-Startups richten ihren Fokus auf innovative Gestaltungsmöglichkeiten im Bereich des Zahlungsverkehrs, auch Tech-Giganten wie Apple und Google erweitern ihre bisherige Geschäftstätigkeit um digitale Bezahlverfahren, um in das Marktumfeld des klassischen Bankensektors zu drängen. Neben der Sicherung eigener Marktanteile ist das vorrangige Ziel, den z.T. maroden sowie tradierten Zahlungsverkehr der Sparkassen mittels technologiegetriebener Finanzdienstleistungen zu modernisieren sowie das veränderte Kundenverhalten in ihrem Angebot zu integrieren.[108] Im Zuge dessen werden webbasierte Anwendungen für den nationalen und grenzüberschreitenden Zahlungsverkehr entwickelt. Konkret konzentrieren sich die angebotenen Finanzprodukte und -dienstleistungen dabei auf alternative Bezahlverfahren oder Blockchain und Kryptowährungen, die als Teilbereiche des übergeordneten Bereiches des Zahlungsverkehrs fungieren.[109] Nachfolgend werden lediglich die einzelnen Komponenten der alternativen Bezahlmethoden veranschaulicht und konkretisiert, da diesen gemeinhin eine größere Bedeutung für die Sparkassen und damit einhergehend für die Fragestellung dieser Bachelorarbeit zukommt.

FinTechs, die im Vergleich zu den klassischen Bezahlverfahren, wie z.B. Überweisung, Lastschrift und Kartenzahlung zunehmend digitale Bezahlmethoden in den

---

[106] Vgl. Burgmaier, Stefanie/Hüthig, Stefanie, Kampf oder Kooperation – Das Verhältnis von jungen Wilden und etablierten Geldinstituten, in: Brock, Harald/Bieberstein, Ingo (Hg.), Multi- und Omnichannel-Management in Banken und Sparkassen – Wege in eine erfolgreiche Zukunft, Wiesbaden 2015, S. 101-114, hier S. 101.

[107] Vgl. Huyer, Jan, FinTechs als Konkurrenz zum klassischen Bankgeschäft hinsichtlich der Abwicklung des Zahlungsverkehrs (Deutsches Institut für Bankwirtschaft, Bd. 13), hg. v. Henrik Schütt, Berlin 2016, S.16.

[108] Vgl. Mosen, Marcus/Moormann, Jürgen/Schmidt, Dietmar, Digital Payment – Revolution im Zahlungsverkehr, Frankfurt am Main 2016, S. IX.

[109] Vgl. Dorfleitner, Gregor/Hornuf, Lars, FinTech-Markt in Deutschland, in: Bundesfinanzministerium (2016), online verfügbar: http://www.bundesfinanzministerium.de/Content/DE/Standardartikel/Themen/Internationales_Finanzmarkt/2016-11-21-Gutachten-Langfassung.pdf%3F_blob%3Dpublication-File, abgerufen am 05.08.2019.

Fokus ihres Geschäftsmodells rücken, können dem Bereich der alternativen Bezahlverfahren zugeordnet werden. Der immense Fortschritt in der Informationstechnologie bildet hierbei die Grundlage für die Ausgestaltung der Finanzdienstleistungen alternativer Bezahlmethoden. Denn erst durch die weite Verbreitung der Informationstechnologie ist es den FinTechs möglich geworden, den Zahlungsverkehr zu erleichtern und daraus abgeleitet den Verbrauchern smarte Alternativen in diesem Bereich zur Verfügung zu stellen.

Dazu zählen u.a. Internetbezahlverfahren, deren Bedeutung in den vergangenen Jahren sukzessive zugenommen und welche große Beliebtheit bei den Verbrauchern erfahren hat. Zu diesem Resultat gelangt auch die im Jahre 2017 publizierte Studie der Deutschen Bundesbank über das allgemeine Zahlungsverhalten der deutschen Bevölkerung. Demnach konnte ein erheblicher Anstieg des Umsatz- und Transaktionsvolumens verzeichnet werden, was letztlich auf die Veränderung des Kaufverhaltens der Verbraucher zurückzuführen ist. Seit 2014 ist die Bereitschaft, mehrmals im Monat im Internet Einkäufe zu tätigen und diese mit entsprechenden Internetbezahlverfahren zu begleichen, von 42% auf 67% drastisch gestiegen.[110] Aus der hohen Inanspruchnahme sowie dem allgemeinen Interesse an Internetbezahlverfahren erschließt sich die logische Konsequenz, dass sich eine Vielzahl von Anbietern in eben jenem Bereich positionieren. Zu den Akteuren zählen neben dem wohl bekanntesten Anbieter, das amerikanische Unternehmen PayPal, auch zahlreiche FinTechs wie z.B. Klarna und das sparkasseninterne Internetbezahlverfahren paydirekt.

Eine weitere Instanz im Segment der alternativen Bezahlverfahren stellt das Mobile-Bezahlverfahren dar, welches die Abwicklung eines Bezahlvorganges mittels mobiler Endgeräte bezeichnet. Grundsätzlich können mobile Endgeräte gleichermaßen für den Einsatz am POS wie für Online-Bezahlverfahren verwendet werden. Diese Variante des Bezahlverfahrens ergibt sich als logische Konsequenz aus der Tatsache, dass das Smartphone längst unser alltägliches Leben bestimmt und im Begriff ist, auch im Bereich des Bezahlens einen größeren Stellenwert

---

[110] Vgl. Bruckmann, Claudia et al., Zahlungsverhalten in Deutschland 2017 – Vierte Studie über die Verwendung von Bargeld und unbaren Zahlungsinstrumenten (2018), in: Deutsche Bundesbank Eurosystem, online verfügbar unter: https://www.bundesbank.de/resource/blob/634056/8e22ddcd69de76ff40078b3111 9704db/mL/zahlungsverhalten-in-deutschland-2017-data.pdf, abgerufen am 03.08.2019.

einzunehmen.[111] Vergleichbar mit der kontinuierlichen Verdrängung des Schecks durch die Kartenzahlungen, führen heutzutage vor allem mobile Bezahlvarianten zu innovativen Möglichkeiten, das Bezahlen im stationären Handel sowie online zu revolutionieren. Bislang entwickelte Lösungen für das Mobile-Payment basieren zumeist auf der Nutzung des kontaktlosen Zahlens mittels NFC-Technologie. Die konkrete Umsetzung erfolgt in Form eines drahtlosen Datenaustauschs zwischen dem mobilen Endgerät des Käufers und dem Händlerterminal. Aktuell existieren mit AplePay und GooglePay zwei auf der genannten Technologie basierende Produktangebote aus dem bankfernen Umfeld.[112] Analog dazu haben die Sparkassen mit ihrer Funktion Mobiles Bezahlen ein Pendant auf den Markt gebracht, welches ihren Kunden ein bequemeres Bezahlen am POS ermöglichen soll. Ferner existiert mit dem P2P-Payment Kwitt eine Funktion, die das Bezahlen zwischen Privatpersonen erleichtern soll. Während sich allerdings die zuvor erwähnten Verfahren des internetbasierten Bezahlens zuverlässig am Markt manifestieren konnten, verläuft die Integration des mobilen Bezahlens in den Verbraucheralltag verhältnismäßig hartnäckig. Zu diesem Ergebnis kommt eine Studie der Deutschen Bundesbank aus dem Jahre 2017, aus welcher hervorgeht, dass lediglich rund zwei Prozent der Befragten von den angebotenen mobilen Bezahlverfahren überzeugt sind und sie aktiv in ihre präferierten Bezahlungsmethoden integrieren.[113] Ein aktueller Bericht der Sparkasse zur Bilanz des mobilen Bezahlens bestätigt, dass die verschiedenen Varianten des mobilen Bezahlverfahrens auch zwei Jahre später nicht den hohen Erwartungen gerecht werden konnten und bisweilen eine relativ verhaltene Kundennutzung registriert haben.[114] Zurückzuführen ist diese Entwicklung mitunter auf die Tatsache, dass die technischen Voraussetzungen zur reibungslosen Abwicklung der mobilen Bezahlung u.a. im Handel noch nicht flächendeckend verfügbar

---

[111] Vgl. Fundinger, Danny, Mobile Payments – Bezahlen mit dem Handy, in: Dittrich, Alfred/Egner, Thomas (Hg.), Trends im Zahlungsverkehr, Köln 2012, S. 225 -250, hier S. 225.

[112] Vgl. Huyer, Jan, FinTechs als Konkurrenz zum klassischen Bankgeschäft hinsichtlich der Abwicklung des Zahlungsverkehrs (Deutsches Institut für Bankwirtschaft, Bd. 13), hg. v. Henrik Schütt, Berlin 2016, S.25.

[113] Vgl. Bruckmann, Claudia et al., Zahlungsverhalten in Deutschland 2017 – Vierte Studie über die Verwendung von Bargeld und unbaren Zahlungsinstrumenten (2018), in: Deutsche Bundesbank Eurosystem, online verfügbar unter: https://www.bundesbank.de/resource/blob/634056/8e22ddcd69de76ff40078b31119704db/mL/zahlungsverhalten-in-deutschland-2017-data.pdf, abgerufen am 03.08.2019.

[114] Vgl. o.V., Durchbruch oder nicht?, in: Cards KARTEN Cartes, Heft 2 (2019), S. 55.

sind.[115] Das letzte Untersegment der alternativen Bezahlverfahren bilden die E-Wallet-Lösungen, welche meist den mobilen Bezahlverfahren zugeordneten werden, sich in ihren Grundzügen jedoch entscheidend von diesen abgrenzen. Allgemein versteht man unter dem Begriff E-Wallet eine digitalisierte Ausführung der physischen Brieftasche, welche diverse Funktionalitäten und Produkte, darunter bspw. die Zahlungsinformationen der Kreditkarte, an einem virtuellen Ort vereint. Dies geschieht in der Regel in Form einer Applikation auf dem Smartphone bzw. anderen handheld Endgeräten. Das zu Beginn des Unterkapitels den internetbasierten Bezahlverfahren zugeordnete PayPal gilt ebenso als prägnantes Beispiel für das E-Wallet-Prinzip. Diese Form der alternativen Bezahlung ermöglicht den Verbrauchern den erleichterten Zugriff auf eine beliebige Anzahl an Zahlungs- und Identifikationsverfahren und bietet demzufolge eine smarte, lukrative Alternative zu den herkömmlichen physischen Zahlungsdokumenten.[116]

4.4 Regulatorische Anforderungen

Von weiterer zentraler Bedeutung für das Teilsegment Zahlungsverkehr ist die kontrovers debattierte europaweite PSD2-Richtlinie, auch zweite Zahlungsdienstrichtlinie genannt. Diese beinhaltet nicht nur signifikante Verbesserungen, sondern impliziert gleichermaßen regulatorische Anforderungen an diejenigen FinTechs, die sich dem Zahlungsverkehr verschrieben haben. Die Grundlage für die korrigierenden Elemente der PSD2 ist die erste Direktive aus dem Jahre 2007, aus welcher die erhebliche Senkung der Markteintrittsbarrieren durch die Erwägung eines Open-Access-Prinzips hervorgegangen war. Diese erste Zäsur in der Entwicklung des Zahlungsverkehrs war ausschlaggebend für die voranschreitende Digitalisierung des Finanzdienstleistungssektors und ebnete den Weg für zahlreiche FinTechs.[117]

Darauf aufbauend soll die zweite Zahlungsdiensterichtlinie mit ihrem Inkrafttreten im Jahre 2019 zwei wesentliche Verbesserungen für die Anbieter von Zahlungsdienstleistungen schaffen. Die PSD2 soll zum einen die Payment-Branche von

---

[115] Vgl. Huyer, Jan, FinTechs als Konkurrenz zum klassischen Bankgeschäft hinsichtlich der Abwicklung des Zahlungsverkehrs (Deutsches Institut für Bankwirtschaft, Bd.13), hg. v. Henrik Schütt, Berlin 2016, S. 21.

[116] Vgl. Ebd., S. 23f.

[117] Vgl. Kraus, Hans-Martin/Nest, Robert, Auswirkungen der Payment Service Directive (PSD2), in: Mosen, Marcus/Moormann, Jürgen/Schmidt, Dietmar (Hg.), Digital Payments – Revolution im Zahlungsverkehr, Frankfurt am Main 2016 S. 41-56, hier S. 43.

Grund auf revolutionieren und im Sinne des Open Banking den Wettbewerb zwischen Banken und FinTechs fördern. Gleichzeitig sollen FinTechs dazu befähigt werden, mit etablierten Banken und Sparkassen auf Augenhöhe zu agieren.[118] Dies bedeutet im gleichen Atemzug, dass ein erleichterter Zugang, insbesondere durch die Bereitstellung von relevanten Konto- und Zahlungsdaten mittels Banken und Sparkassen, für innovative Online- und Mobilezahlungsdiensten ermöglicht werden soll. Basierend auf dieser Richtlinie ist es den FinTechs somit möglich, ihre angebotenen Produkte und Dienstleistung im Payment-Bereich deutlich effizienter zu gestalten und auszubauen sowie den Verbrauchern ein einfaches, bequemes und preiswertes Banking zu gewährleisten.[119] Ferner ist es das Anliegen der PSD2 durch ein Zahlungsverkehr-eigenes Haftungsregelwerk stringentere Richtlinien und einheitliche Standards für FinTechs zu schaffen, aus welchen sowohl für die FinTechs als auch für die Verbraucher ein erheblicher Anstieg der Transparenz und des Verantwortungsbewusstseins resultiert.[120] Die aufgeführten begünstigenden Faktoren tragen indes dazu bei, dass traditionelle Banken und Sparkassen Wettbewerbsvorteile einbüßen könnten. Bedingt durch ihr umfangreiche Produktangebot im Bereich des Zahlungsverkehrs, gelingt es den FinTechs, ihre Schnittstelle zwischen den Kunden und Kreditinstituten zu intensivieren, was letztlich dazu führen könnte, dass Banken und Sparkassen in die Position eines Back-End-Dienstleisters verdrängt werden und lediglich als Kontoverwalter fungieren würden.[121]

Neben den ersichtlichen Vorteilen führt die Realisierung der PSD2-Richtlinie zu gravierenden regulatorischen Anforderungen. Bisher benötigten Payment-Fin-Techs keinerlei Lizenz, um ihre Dienstleistungen zu vertreiben und unterstanden somit nicht der Aufsicht durch die BaFin. Im Rahmen der PSD2 werden FinTechs, insbesondere diejenigen, die als Kontoinformations- sowie Zahlungsauslösedienst operieren und damit den wesentlichen Geschäftsbereich des Zahlungsverkehrs

---

[118] Vgl. Göbel, Carsten, Chancen und Herausforderungen durch die PSD2 und Instant Payment, in: Hierl, Ludwig (Hg.), Mobile Payment. Grundlagen – Strategien - Praxis, Wiesbaden 2017, S. 167-178, hier S. 168.

[119] Vgl. Kaupp, Florian/Giera, Ewa, Zahlungsverkehr: Vom Überweisungsträger zu Instant Payments, in: Brühl, Volker/Dorschel, Julian (Hg.), Praxishandbuch Digital Banking, Wiesbaden 2018, S. 228-258, hier S. 255.

[120] Vgl. Kraus, Auswirkungen der Payment Service Directive, S. 45.

[121] Vgl. IT-Finanzmagazin (Hg.), Der PSD2-Überblick: Von FinTechs, Wertschöpfungsketten und Smart-phone-Apps (2017), online verfügbar: https://www.it-finanzmagazin.de/der-psd2-ueberblick-von-fintechs-wertschoepfungsketten-und-smartphone-apps-55016/, abgerufen am: 05.08.2019.

abbilden, dazu verpflichtet, eine Zahlungsverkehrslizenz zu beantragen.[122] Diese umfasst gemäß der Deutschen Bundesbank jene Dienstleistungen, die sich z.B. auf das digitale Zahlungsgeschäft und das Finanztransfergeschäft konzentrieren.[123] Die Beantragung der Lizenz ist aus Sicht der FinTechs sowohl langwierig als auch kostenintensiv und stellt sie letztendlich vor die Entscheidung, ob sie diesen komplexen Prozess in Kauf nehmen wollen oder ob sie künftig, in Form einer Kooperation mit Banken und Sparkassen, diese Schwierigkeit umgehen.[124]

---

[122] Vgl. Bramberger, Markus, Payment Services Directive II. Regulatorik im Zahlungsverkehr vor dem Hintergrund von FinTechs und Open Banking, Wiesbaden 2019, S. 15.

[123] Vgl. Merkblatt über die Erteilung einer Erlaubnis für Zahlungsinstitute und E-Geld-Institute, in: Deutsche Bundesbank, Frankfurt am Main 2015, S. 4f.

[124] Vgl. Kaupp, Florian/Giera, Ewa, Zahlungsverkehr: Vom Überweisungsträger zu Instant Payments, in: Brühl, Volker/Dorschel, Joachim (Hg.), Praxishandbuch Digital Banking, Wiesbaden 2018, S. 227-258, hier S. 255.

5 Gegenüberstellung der FinTechs PayPal und paydirekt

Die aus der beginnenden Informationstechnologie resultierende sukzessive Einführung des Online-Bankings in den 1990er Jahren stellt gemäß Wollenweber und Huble eine bedeutende Zäsur in der Entwicklung des Zahlungsverkehrs für die Sparkassen dar. Eben jene Einführung hat erwirkt, dass die Bankkunden ihre Zahlungsgeschäfte erstmalig bequem von zu Hause aus erledigen konnten und nicht auf die örtliche Präsenz des Filialnetzes angewiesen waren. Auf diese Weise gelang es den Sparkassen, die mit der Informationstechnologie verbundenen, neuartigen Bedürfnisse der Kunden zu befriedigen, indem sie eine völlig neue Dimension des Bankings ermöglichten und somit die Abwicklung des Zahlungsverkehrs erleichterten. Es ist nicht verwunderlich, dass das Aufkommen des Online-Bankings als Alleinstellungsmerkmal für die Banken und Sparkassen fungierte, denn auf dem deutschen Finanzmarkt existierte zu dieser Zeit kein vergleichbares konkurrenzfähiges Produkt.

Erst die Etablierung des finanztechnologischen Bezahldienstes PayPal in Deutschland im Jahre 2004 führte zu einer ernstzunehmenden Konkurrenz für die Sparkassenlandschaft. Als Online-Payment Anbieter gelang es PayPal in relativ kurzer Zeit, den Zahlungsverkehr zu revolutionieren und eine neue Art des Bezahlens neben dem klassischen Online-Banking zur Verfügung zu stellen. Über eine Dekade haben die Sparkassen tatenlos zugesehen und PayPal den Markt für Online-Bezahlverfahren überlassen und mussten letztlich feststellen, dass PayPal Jahr für Jahr signifikante Marktanteile erobern konnte.[125] Dies spiegelt sich nicht zuletzt in der von Statista veröffentlichen Studie über Mobile-Bezahlverfahren wider, die PayPal ein wachsendes Transaktions- und Umsatzvolumen attestiert.[126] Dadurch konnte sich PayPal vergleichsweise früh als Quasi-Monopolist positionieren, wodurch etwaigen Anbietern die erfolgreiche Etablierung im Online-Payment Bereich erschwert wurde.[127]

---

[125] Vgl. Wollenweber, Leif E./Ruble, Jim, Chancen und Sackgassen des klassischen Retail Bankings, in: Seidel, Marcel (Hg.), Banking & Innovation 2017. Ideen und Erfolgskonzepte von Experten für die Praxis, Wiesbaden 2017, S. 19-30, hier S. 20.

[126] Vgl. Statista, Mobile-Payment, in: Statista (2018), online verfügbar: https://de.statista.com/statistik/studie/id/13675/dokument/mobile-payment-statista-dossier/, abgerufen am 12.08.2019.

[127] Vgl. Dengl, Gerhard, PayPal, Paydirekt, Klarna - Welcher Zahlungsdienst wird sich durchsetzen?, in: GE-NIOS WirtschaftsWissen, online verfügbar unter: https://www.wiso-net.de/document/GWW__c_invest_20170914, abgerufen am 12.08.2019

Gleichwohl versuchte der deutsche Bankensektor und mit ihr die Sparkassen dieser Entwicklung entgegenzuwirken, indem sie im Jahre 2015 mit ambitionierten Zielen das Pendant paydirekt auf den Markt brachten. Erstmals seit Beginn des Online-Bankings sollte auf diese Weise eine innovative strategische Neuausrichtung bzw. Ausweitung des Payment-Bereiches erzielt werden. Gemäß den Worten: „Man müsste nicht immer der Erste sein, um erfolgreich zu werden"[128] ist Wißmann, Geschäftsführer des Online-Payment Dienstes paydirekt, davon überzeugt, dass eben jene Einführung nicht zu spät gewesen und eine Platzierung der deutschen Lösung im Online-Payment Bereich somit legitim sei.[129]

Dennoch stellt sich die Frage, insbesondere, da die Sparkassenlandschaft PayPal über ein Jahrzehnt nach Belieben agieren lassen hat, ob für paydirekt in Zukunft die Möglichkeit besteht, sich gegenüber PayPal zu behaupten. Um eine adäquate Aussage auf diese Frage treffen zu können, wird, nachdem eine Gegenüberstellung der Funktionsweise von PayPal und paydirekt erfolgt ist, die strategische Position der beiden Bezahlverfahren mit Hilfe der SWOT-Analyse charakterisiert und einer kurzen Bewertung unterzogen. Durch diese Vorgehensweise eröffnet sich in letzter Instanz die Möglichkeit, eine detaillierte Handlungsempfehlung für die vorliegenden Forschungsfrage zu erarbeiten.

5.1 Funktionsweise von PayPal und paydirekt

Grundlegende Voraussetzung für die Nutzung von PayPal ist die Eröffnung eines Benutzerkontos mit der eigenen E-Mailadresse sowie die Verknüpfung mit dem Girokonto oder der Kreditkarte. Das erstellte PayPal-Konto fungiert bei Zahlungsvorgängen in der Folge als virtueller Intermediär zwischen dem eigenen Girokonto und dem PayPal-Nutzerkonto der anderen Geschäftspartei. Prinzipiell verfügt ein Nutzerkonto bei PayPal über zwei wesentliche Funktionalitäten, eine Zahlungs- und Reservefunktion. Die erste beschreibt das bekannte Guthabenkonto, mit welchem der Nutzer Zahlungen tätigen und empfangen kann. Über dieses Guthaben verfügt der Verbraucher frei, er kann jederzeit Geldbeträge von diesem Guthaben an andere bei PayPal registrierte E-Mailadressen versenden, für den Kauf bei einem Internethändler nutzen oder auf das mit dem Account verbundene Girokonto buchen. Eine Prepaid-ähnliche Aufladung des Guthabenkontos ist zur Abwicklung der Zahlung allerdings nicht zwingend notwendig, da PayPal überdies die Methoden

---

[128] Wollenweber, Chancen und Sackgassen, S. 20.
[129] Vgl. Ebd. S. 20f.

der Kreditkartenbelastung und des Lastschrifteinzuges anbietet. Nachdem der Käufer sich für die Zahlungsabwicklung mittels PayPal entschieden hat und auf die Website weitergeleitet wurde, erfolgt die Bearbeitung des Bezahlvorganges durch die Eingabe der E-Mailadresse und des selbstgewählten Nutzerpasswortes. Im Zuge der Authentifikation und Autorisierung wird der zu zahlende Betrag daraufhin bestätigt und das Girokonto respektive Kreditkarte des Käufers entsprechend belastet. Zwischenzeitlich erhält der Verkäufer eine Gutschrift in Höhe des Zahlungsbetrages auf seinem PayPal-Konto, woraufhin das System eine automatische Zahlungseingangsbestätigung an den Käufer verschickt. Der Zahlungsprozess ist damit abgeschlossen und der Händler kann die Ware verschicken sowie den erhaltenen Geldbetrag zur weiteren Verarbeitung auf seinem virtuellen PayPal-Konto belassen oder auf sein verbundenes Girokonto buchen. Geldbeträge, die sich hingegen auf dem Reservekonto befinden, sind vorübergehend nicht verfügbar. Zurückzuführen ist dies auf eine Reihe von möglichen Ursachen, darunter eine noch ausstehende Zahlungsprüfung bzw. -abwicklung.[130]

---

[130] Vgl. PayPal (Hg.), PayPal-Nutzungsbedingungen (2019), in: PayPal, online verfügbar: https://www.paypal.com/webapps/mpp/ua/useragreement-full, abgerufen am 12.08.2019.

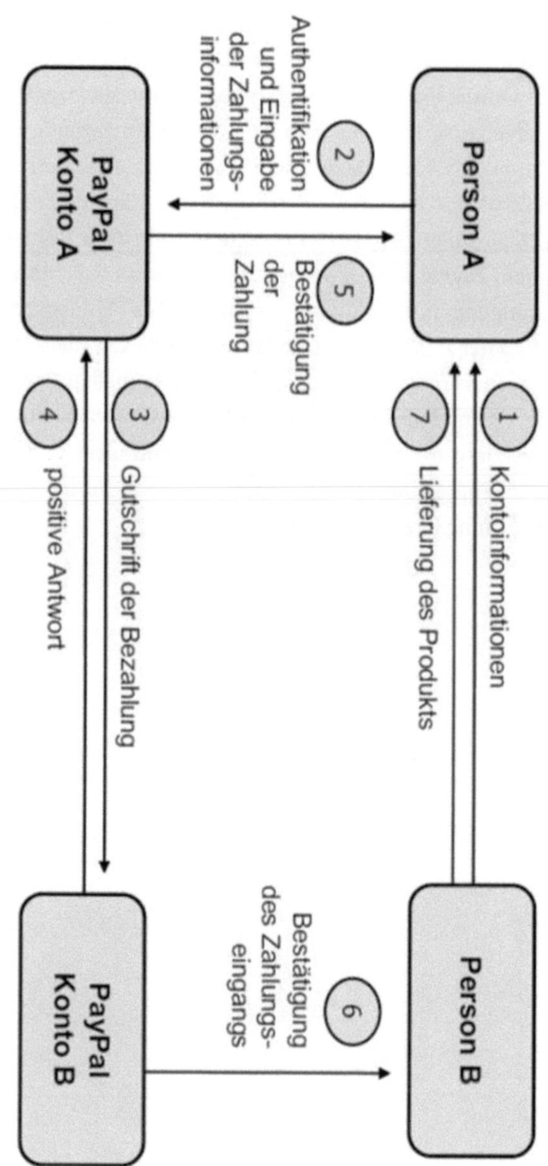

Abbildung 4: Der PayPal-Zahlungsprozess zwischen zwei Privatpersonen
Quelle: Meier, Andreas/Storner, Hendrik, eBusiness and eCommerce, 2012, S. 186

Paydirekt ging im Jahre 2015 als gemeinsames Online-Bezahlverfahren aus einer Initiative der deutschen Banken und Sparkassen hervor. Die Sparkassen-Finanzgruppe verfolgt mit der Integration von paydirekt das vordergründige Ziel, den Kunden für die Abwicklung des Zahlungsverkehrs ein attraktives Bezahlverfahren zur Verfügung zu stellen. Die Basisbedingung für die Inanspruchnahme der Angebote von paydirekt ist, dass sowohl die eigene Bank als auch die des Händlers Teil des paydirekt Netzes sind. Ferner setzt paydirekt in gleiche Weise wie auch PayPal die Registrierung des Käufers und Verkäufers voraus, um den Online-Zahlungsdienst nutzen zu können. Anders als bei PayPal jedoch erfolgt die Registrierung für paydirekt nicht in der Form eines separaten Kontos bei einem Drittanbieter, sondern im gesicherten Bereich des Online-Bankings der Hausbank. Eine fundamentale Voraussetzung ist demnach das Vorhandensein eines aktiven Online-Banking Zugangs. Nach der erfolgreichen Registrierung steht paydirekt für die Bezahlung von im Internet oder am PPOS getätigten Käufen sowie für das selbstständige Versenden von Geldbeträgen innerhalb des P2P-Bereiches, zur Verfügung. Die Bezahlung wird durch die Eingabe der Nutzungsdaten des Online-Bankings initiiert, authentifiziert und abschließend autorisiert. Der angeforderte Betrag wird daraufhin vom Girokonto des Käufers abgebucht und zwischenzeitlich auf einem Intermediärkonto bei seiner Hausbank gesichert, während der Händler eine Zahlungsbestätigung erhält. Im letzten Schritt wird der Zahlungsbetrag auf dem Konto des Händlers gutgeschrieben.[131]

---

[131] Vgl. Bartelt, Niklas/Finken, Silke, paydirekt – Herausforderungen und mögliche Wachstumsoptionen für Mobile Payments in Deutschland, in: Hierl, Ludwig (Hg.), Mobile Payment. Grundlagen – Strategien – Praxis, Wiesbaden 2017, S. 283-296, hier S. 288f.

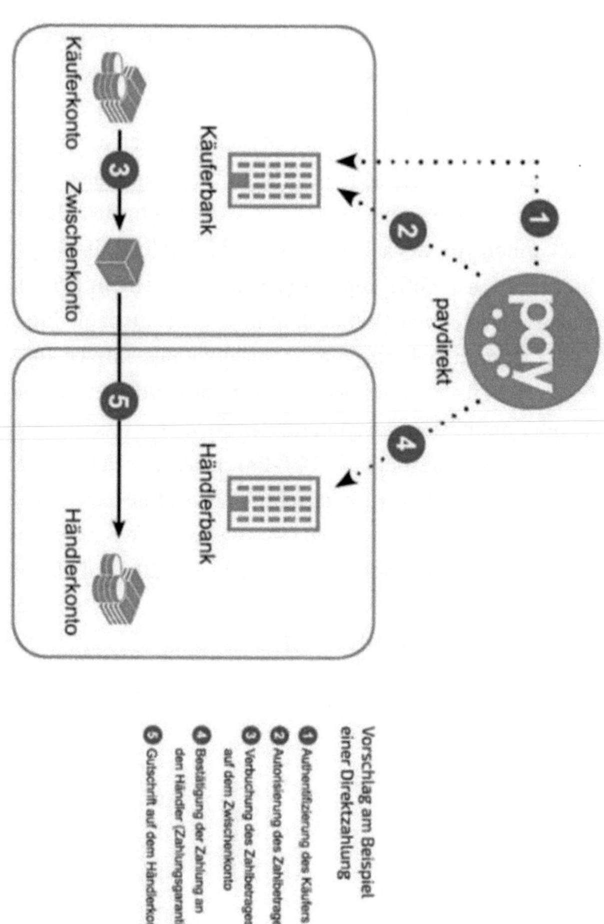

Abbildung 5: Funktionsweise von paydirekt

Quelle: paydirekt (Hg.), https://www.paydirekt.de/presse/medien/pressebilder/pressema-terial/sichere_zahlungsabwicklung.jpg, 2019

5.2 SWOT-Analyse

Im folgenden Unterkapitel werden paydirekt und PayPal einer SWOT-Analyse unterworfen. Die SWOT-Analyse dient als ein systematisches Analyseinstrument für die Erfassung interner und externer Einflussfaktoren, um letztlich die strategische Position eines Unternehmens respektive seines Zustandes zu einem bestimmten Zeitpunkt zu bestimmen. Im ersten Schritt werden in der so genannten Unternehmensanalyse die Stärken und Schwächen des Unternehmens identifiziert und wesentliche Kompetenzen aus diversen innerbetrieblichen Kategorien wie Produkte und Kunden dargestellt. Darauf aufbauend erfolgt im nächsten Schritt eine Umweltanalyse, welche lediglich „die jeweiligen Chancen und Gefahren des Marktes und der Branche, die sich aus der Entwicklung des jeweiligen Zielmarktes ergeben"[132], ermittelt, sammelt und analysiert. In der letzten Instanz werden die externen und internen Ergebnisse für das Unternehmen miteinander verknüpft und mit Hilfe einer SWOT-Matrix visuell abgebildet. Des Weiteren werden die Ergebnisse aus allen untersuchten Bereichen üblicherweise in Beziehung zueinander gesetzt, um in Form einer Entscheidungshilfe Handlungsstrategien für die unternehmerische Zukunft herzuleiten.[133]

5.2.1 Paydirekt

Als Qualitätsmerkmal von paydirekt kann eine umfassende Transparenz ausgemacht werden. Mit der Einführung von paydirekt wurden seitens der Sparkassen sukzessive Verbesserungen umgesetzt, die es ermöglicht haben, paydirekt stärker mit dem Girokonto zu verknüpfen sowie die Registrierung zu vereinfachen. Die Kunden können den Bezahldienst bequem, schnell und mit einem hohen Maß an Sicherheit verwenden und erhalten gleichzeitig einen transparenten Überblick über die Umsätze und den Warenkorb in ihrem Online-Banking.[134] Weiterhin kann der hohe Datenschutz als bedeutende Stärke angeführt werden, der gleichzeitig auch als Alleinstellungsmerkmal des jungen Payment-Anbieters betrachtet werden kann. Als Unternehmen unterliegt paydirekt den strikten Standards der deutschen Datensicherheit und ist dazu verpflichtet, die personenbezogenen Daten ihrer Nutzer vertraulich zu behandeln. Da die Transaktionen unmittelbar über die

---

132 Methodenpool (Hg.), SWOT-Analyse (o.J.), online verfügbar: https://methodenpool.salzburg-rese-arch.at/methode/swot-analyse/, abgerufen am 12.08.2019.

133 Vgl. Henning, Alexander, Marketing Schritt für Schritt, Stuttgart 2018, S. 72ff.

134 Vgl. vorm Walde, Henning, Paydirekt schließt zum Wettbewerb auf, in: cards Karten cartes, Heft 1 (2019), S. 14.

Sparkassen abgewickelt werden und keine Drittanbieter in den Zahlungsprozess involviert sind, werden weder Warenkorbdaten und Käuferprofile weitergegeben noch kundenbezogenen Daten für Marketingzwecke und Nutzungsprofile ausgewertet.[135] Eine weitere Stärke von paydirekt liegt in der einfachen Ausgestaltung der Käuferschutzregelungen. Im Falle einer nicht erhaltenen Ware kann der Kunde den vollen Käuferschutz in Anspruch nehmen und hat mit paydirekt einen festen Ansprechpartner.[136]

Als Schwäche kann mitunter die geringe Händleranbindung angeführt werden. Obwohl paydirekt seit der Einführung einen stetigen Anstieg in der Händlerreichweite von 160 auf aktuell rund 10.000 Online-Shops realisieren konnte, beschränkt sich der Bezahldienst bisher nur auf den nationalen Handel.[137] Die Kunden werden demnach dazu aufgefordert, Alternativen für den internationalen Handel ausfindig zu machen. Dies bringt nicht nur einen erheblichen Mehraufwand mit sich, sondern scheint darüber hinaus eher unattraktiv auf die Kunden zu wirken. Diese Unattraktivität spiegelt sich nicht zuletzt in der Anzahl der registrierten Nutzer sowie der getätigten Transaktionen wider. Paydirekt ist mit dem ambitionierten Anspruch an den Start gegangen, innerhalb der Folgejahre einen Nutzerstamm von sieben Millionen Kunden aufzubauen und bis 2020 auf Augenhöhe mit PayPal zu agieren.[138] Dieses Ziel wurde allerdings nicht erreicht, da paydirekt zu Beginn des Jahres 2019 lediglich 2,4 Millionen registrierte Nutzer verzeichnen konnte.[139] Überdies beträgt die Anzahl der getätigten Transaktionen vier Jahre nach der Einführung von paydirekt rund 40.000 Transaktionen. Dies ist ein Indiz dafür, dass der Anteil der Kunden, die paydirekt nutzen lediglich im unteren einstelligen Prozentbereich liegen.[140] Die drei dargestellten Faktoren veranschaulichen deutlich, dass der

---

[135] Vgl. Bartelt, Niklas/Finken, Silke, paydirekt – Herausforderungen und mögliche Wachstumsoptionen für Mobile Payments in Deutschland, in: Hierl, Ludwig (Hg.), Mobile Payment. Grundlagen – Strategien – Praxis, Wiesbaden 2017, S. 283-296, hier S. 288, „vgl. auch": vorm Walde, Paydirekt.

[136] Vgl. paydirekt (Hg.), Sicherheit made in germany (o.J.), online verfügbar: https://www.paydirekt.de/kaeufer/paydirekt-online-bezahlen-kaeufer-sicherheit.html, abgerufen am: 12.08.2019.

[137] Vgl. o.V., Daten und Fakten zu Paydirekt, in: cards Karten cartes, Heft 1 (2019), S. 5.

[138] Vgl. Benkelberg, Svenja, Paydirekt vs. Paypal – noch Luft nach oben, in: cards Karten cartes, Heft 2 (09.05.2018), S. 26.

[139] Vgl. o.V, Daten und Fakten, S. 5.

[140] Vgl. Schalk, Marion, Das ewige Dilemma, in: Der Handel, Heft 12 (2018), S. 40.

Marktanteil paydirekts verschwindend gering ist und bis dato nicht an PayPals Erfolge anknüpfen kann.

Paydirekt befindet sich noch in der Frühphase des Produktlebenszyklus und hat die Chance am wachsenden Markt für Online-Bezahlverfahren teilzuhaben. Die rund zwölf Millionen onlinefähigen Girokonten bedeuten für die Sparkassenorganisation ein hiesiges Wachstumspotential bei der Akquisition potenzieller Neukunden.[141] In der Zukunft könnten auch diejenigen Zielgruppen das Online-Bezahlverfahren verwenden, „die bislang aufgrund von Sicherheitsbedenken beim Bezahlen eher auf das Online-Shopping verzichtet haben."[142] Außerdem konnte paydirekt in den vergangenen Jahren sein Angebot um weitere nützliche Funktion, wie P2P-Zahlungen und In-App-Payment, erweitern und erhofft sich durch diesen Mehrwert, die Reichweite der Nutzerquote zu vergrößern.

Als Bedrohung von paydirekt kann dessen später Markteintritt und die bestehende große Marktmacht von PayPal angenommen werden. PayPal hat sich längst als Marktführer im Online-Payment Segment etabliert, entwickelt sich sukzessive weiter und bietet dem Endkunden kontinuierlich neue Möglichkeiten, um den Bezahlvorgang zu erleichtern.[143] Trotz aller Bemühungen wird es für andere Anbieter, darunter auch paydirekt, schwer sein, eine wesentliche Signifikanz auf dem Markt für Online-Bezahldienste einzunehmen und an den Wachstumschancen zu partizipieren.[144]

---

141 Vgl. Wissenschaftsförderung der Sparkassen-Finanzgruppe e.V., Grenzenlose Freiheit, in: Zeiten & Perspektiven. Bilder und Texte zur Geschichte der Sparkassen, Stuttgart 2011, S. 57.

142 t3n (Hg.), Paydirekt: Jahre zu spät oder Chance für Händler? (2015) online verfügbar: https://t3n.de/news/paydirekt-chancen-online-haendler-658682/, abgerufen am 12.08.2019.

143 Vgl. Lindenau, Rainer, PayPal versus Paydirekt – 50:1 für PayPal, in: cards Karten cartes, Heft 2 (Mai 2018), S. 14.

144 Vgl. Theobald, Tim, Das Henne-Ei-Problem, in: Horizont Zeitung für Marketing und Medien, Nr. 45 (2016), S. 33.

Stärken	Schwächen
- umfassende Transparenz - hohes Maß an Datensicherheit - exzellenter Käuferschutz	- niedrige Nutzerquote - Anzahl an Transaktionen vergleichbar geringe - Händlerreichweite
Chancen	**Bedrohungen**
- hohes Potenzial an onlinefähigen Girokonten - Bereitstellung von zusätzl. Funktionen	- später Markteintritt - Große Marktmacht PayPals

Abbildung 6: SWOT-Matrix paydirekt
Quelle: Eigene Darstellung

5.2.2 PayPal

Zu den wesentlichen Stärken PayPals gehört u.a. seine Position als Markführer bei der Bereitstellung von Zahlungsdienstleistungen. Die Tatsache, dass PayPal außerordentliche Marktanteile für sich behaupten kann und zugleich als der wohl beliebteste Service zur Zahlungsabwicklung gilt, ist insbesondere auf eine Reihe von begünstigenden Faktoren zurückzuführen. Seit der Etablierung PayPals auf dem deutschen Markt erfolgte eine sukzessive Ausweitung der Nutzerquote auf derzeit rund 20,5 Millionen Kunden.[145] Damit kann PayPal als größter Online-Payment Anbieter betrachtet werden. Weiterhin ist PayPal dazu in der Lage, mit einer breiten Händlerreichweite, sowohl national wie auch global, zu überzeugen. Dies bedeutet konkret, dass mehr als 50.000 Onlineshops ihren Kunden PayPal währungsübergreifend als Zahlungsoption anbieten. Für die Kunden bringt die umfangreiche Akzeptanz den entscheidenden Vorteil mit sich, dass PayPal nahezu flächendeckend als Zahlungsmöglichkeit zur Verfügung steht.

Die unter der SWOT-Analyse von paydirekt aufgeführten Stärken können als die bedeutsamsten Schwachstellen auf PayPal projiziert werden. Besonders die mangelhafte Ausgestaltung und Anwendung der Datenschutzrichtlinien justiert PayPal in den Fokus der öffentlichen Kontroverse. „Von der Verifikation der Daten über

---

[145] Vgl. PayPal (Hg.), Jubiläum: 15 Jahre PayPal in Deutschland (2019), online verfügbar: https://www.paypal.com/stories/de/jubilaum-15-jahre-paypal-in-deutschland, abgerufen am 12.08.2019.

den Schutz vor Betrügern bis zu Marketing-Aktivitäten"[146], PayPal kooperiert mit einer Vielzahl von Drittanbietern und ermöglicht diesen den Zugang zu persönlichen Nutzerdaten. So ist es in der jüngsten Vergangenheit häufiger dazu gekommen, dass der Bezahldienst personenbezogene Daten, von Standort bis hin zu biometrischen Daten, übermittelt hat.[147] Außerdem wird PayPal vorgeworfen, dass der Käuferschutz defizitäre Züge aufweise. Bei einer nicht reibungslosen Abwicklung der Transaktion ist der Kunde dazu verpflichtet, mit dem Vertragspartner Kontakt aufzunehmen. Scheitern diese Verhandlungen, besteht die Möglichkeit eines Antrags auf Käuferschutz. Die umfangreichen Bedingungen lassen sich dem offiziellen Käuferschutz PayPals entnehmen.[148]

Für die Zukunft weist PayPal ein nicht zu unterschätzendes Chancenpotenzial auf, welches dazu beitragen kann, die eigene Markmacht weiter zu untermauern. Einerseits wächst der Markt für den Online-Handel kontinuierlich, was gleichermaßen bedeutet, dass auch PayPals Potenzial zur Akquise weiterer Nutzer sowie Händler stetig zunimmt. Andererseits expandiert PayPal bereits von sich aus, indem das Unternehmen innovative Zusatzfunktionen bzw. Services erschließt und sukzessive in sein Geschäftsmodell integriert. Exemplarisch sei an dieser Stelle das in diesem Jahr in Deutschland eingeführte Xoom genannt, ein Service, der es Nutzern ermöglicht, Auslandsüberweisungen über ihr PayPal Konto abzuwickeln.[149] Letztlich gehört die 2018 angekündigte und erst vor kurzem verwirklichte Kooperation mit GooglePay zu PayPals großen Chancen, den Markt auch abseits des Internets fortwährend zu erobern.[150]

---

146 t3n (Hg.), Mit diesen Anbietern teilt Paypal eure persönlichen Daten (2018), online verfügbar: https://t3n.de/news/paypal-datenschutz-drittanbieter-919801/, abgerufen am 12.08.2019.

147 Vgl. Fehr, Mark, Fingerabdruck-Speicherung verletzt Datenschutz, in: Wirtschaftswoche (2018), online verfügbar: https://www.wiwo.de/unternehmen/handel/verbraucherschuetzer-kritisieren-paypal-fingerab-druck-speicherung-verletzt-datenschutz/22628394.html, abgerufen am 12.08.2019.

148 Vgl. PayPal (Hg.), PayPal-Käuferschutzrichtlinie (2019), online verfügbar: https://www.paypal.com/de/webapps/mpp/ua/buyerprotection-full, abgerufen am 12.08.2019.

149 Vgl. PayPal (Hg.), Geld ins Ausland senden: PayPal startet XOOM in Deutschland (2019), online verfügbar: https://www.paypal.com/stories/de/geld-ins-ausland-senden-paypal-startet-xoom-in-deutschland, abgerufen am 12.08.2019.

150 Vgl. Fliehr, Silvia, PayPal wandert in Googles Handy-Bezahlsystem. Daten-Gigant integriert führenden Online-Bezahldienst in Mobile-Payment-Lösung GooglePay – Millionen potenzielle neue Nutzer, in: Lebensmittel Zeitung, 41. Ausgabe (2018), S. 37.

Aus dem Chancenpotenzial erschließt sich für PayPal allerdings eine wesentliche Bedrohung. Da der Markt für Zahlungsverkehrslösungen fortlaufend zunimmt und sich wachsender Beliebtheit erfreut, ist es nicht überraschend, dass neue Wettbewerber auf den Markt stoßen. Dazu zählen u.a. prominente Tech-Giganten wie Apple sowie die Finanzdienstleistungsbranche, die PayPal wesentliche Marktanteile streitig machen wollen. Ferner können die genannten Schwächen potenzielle Faktoren eines möglichen Bedrohungsszenarios darstellen. Denn es ist fraglich, inwiefern die konstatierten Defizite im Bereich des Daten- und Käuferschutzes sich negativ auf das Vertrauen der Kunden auswirken.

Stärken	Schwächen
- Marktführerschaft - hohe Nutzerquote - breite Händlerreichweite	- Datenschutz - Käuferschutz
Chancen	**Bedrohungen**
- Ausbau von Marktanteilen - Bereitstellung von zusätzl. Funktionen und Services	- Marktvorstoß neuer Mitwettbewerber (paydirekt, Apple Pay, o. Ä.) - potenzieller Vertrauensverlust

Abbildung 7: SWOT-Matrix PayPal
Quelle: Eigene Darstellung

5.2.3 Ergebnis der SWOT-Analyse

Die SWOT-Analyse der FinTechs PayPal und paydirekt hat gezeigt, dass beide Unternehmen ein ausgeprägtes Stärken-Schwächen- sowie Chancen-Bedrohungsprofil aufweisen. Fraglich ist jedoch, ob die bedeutsamste Stärke von paydirekt, die Datensicherheit, genügt, um all die Aspekte auszugleichen, in denen man PayPal unterlegen ist. Entsprechend prognostizieren Wollenweber und Ruble paydirekt lediglich geringe Chancen, sich in Zukunft als Online-Bezahldienst zu etablieren und PayPal Paroli zu bieten. Die Experten führen diese Prognose auf die Umstände zurück, dass paydirekt vergleichsweise spät in den Wettbewerb um innovative Bezahlmethoden eingetreten ist und die fundamental aufgeführten Schwachpunkte, wie das im Gegensatz zu PayPal geringe Händlernetzwerk und Transaktionsvolumina eine nicht marktrelevante Größe darstellen.[151] Grundsätzlich kann daher die Frage gestellt werden, ob das aus der gemeinsamen Initiative der Banken hervorgebrachte paydirekt eine Neustrukturierung des klassischen Retail-Bankings, insbesondere für den Zahlungsverkehr, eröffnet hat. Auge-Dickhut et al. sind der Auffassung, dass der Neustrukturierungsprozess erst dann gelingen kann, wenn die individuellen Bedürfnisse der Verbraucher in den Produkten und Dienstleistungen berücksichtigt werden.[152] So heißt es: „Marktgerecht sind Leistungen, wenn Kundennutzen entsteht, indem Kundenbedürfnisse durch Produkte oder Dienstleistungen mit der erwarteten Qualität [...] so befriedigt werden, dass Kunden die Produkte und Dienstleistungen zu erwerben bereit sind."[153] Dieser Nutzen konnte mit der Etablierung paydirekts augenscheinlich nicht realisiert werden, da für den Endverbraucher kein substantieller Mehrwert geschaffen worden ist. Vielmehr scheint es, als wäre der vordergründige Zweck der Banken bei der Konzeption paydirekts gewesen, der störenden Dominanz PayPals durch ein ähnliches Bezahlverfahren zu begegnen.[154]

---

151 Vgl. Wollenweber, Leif E./Ruble, Jim, Chancen und Sackgassen des klassischen Retail Bankings, in: Seidel, Marcel (Hg.), Banking & Innovation 2017. Ideen und Erfolgskonzepte von Experten für die Praxis, Wiesbaden 2017, S. 19-30, hier S. 21.

152 Vgl. Auge-Dickhut, Stefanie/Koye, Bernhard/Liebetrau, Axel, Client Value Generation. Das Zürcher Modell der kundenzentrierten Bankarchitektur, Wiesbaden 2014, S. 55.

153 Ebd.

154 Vgl. Wollenweber, Chancen und Sackgassen, S. 21.

6 Handlungsempfehlung

Die Digitalisierung stellt einen zentralen Megatrend für diverse Branchen, zahlreiche Unternehmen sowie deren Geschäftsmodell dar. Obwohl die Sparkassen nicht unbedingt als technologieaffines Unternehmen betrachtet werden können, ist es dennoch ratsam sich den Anforderungen des digitalen Strukturwandels zu stellen. In der jüngeren Vergangenheit hat sich an dem zu Beginn dieser Arbeit erwähnten Beispiel der Musikindustrie gezeigt, dass durchaus die Gefahr besteht, nicht ausreichend schnell auf die von der Digitalisierung ausgehenden Herausforderungen zu antworten. Bleibt eine zeitnahe Reaktion aus, droht wie im genannten Exempel der Angriff auf traditionelle Geschäftsformen durch technologieaffinere und agilere Unternehmen, gemäß Schumpeters Philosophie der schöpferischen Zerstörung: „Wenn man nicht selbst das eigene Geschäft zerstört, wird dies durch einen anderen erledigt."[155] Um den Konsequenzen dieses Warnbeispiels vorzubeugen, ist es gerade für weniger technologiegetriebene Unternehmen wie die Sparkassen von maßgeblicher Bedeutung, die Anforderungsbereiche des digitalen Wandels zu erkennen und sie adäquat in ihre Geschäftskultur zu implementieren.[156] Dementsprechend ist es nicht überraschend, dass sich die Sparkassen gegenwärtig in einem Spannungsfeld zwischen einerseits der Erfüllung ihrer traditionellen Verpflichtungen und der damit einhergehenden Wahrung ihres stabilen Geschäftsmodells befindet. Andererseits erfordern die aus der Digitalisierung und dem demografischen Wandel resultierenden Faktoren wie die veränderten Kundenbedürfnisse und das Aufkommen neuer Mitwettbewerber wie der FinTechs eine Modernisierung und Anpassung der Unternehmensphilosophie.[157]

Getreu dem Motto „Sparkasse bleiben, digitaler werden"[158] konnte die Sparkasse in den vergangenen Jahren mit einer Vielzahl an unterschiedlichen Maßnahmen den Herausforderungen der Digitalisierung begegnen und den Modernisierungs-

---

[155] Liebig, Svenja, Digitalisierung ist kein Selbstzweck, in: GoingPublic, Februar, März (2017), S. 31.

[156] Vgl. Strietzel, Markus/Steger, Sebastian/Bremen, Till, Digitale Transformation im Banking – ein Überblick, in: Brühl, Volker/Dorschel, Joachim (Hg.), Praxishandbuch Digital Banking, Wiesbaden 2018, S. 13-30, hier S. 16.

[157] Vgl. Henk, Alexander/Holthaus, Jens-Uwe, Herausforderungen – Zukunftsorientierte Neuausrichtung des Vertriebs von Banken und Sparkassen, in: Brock, Harald/Bieberstein, Ingo (Hg.), Multi- und Omnichannel-Management in Banken und Sparkassen. Wege in eine erfolgreiche Zukunft, Wiesbaden 2015, S. 61- 74, hier S. 67.

[158] Fischer, Oliver/Janik, Jürgen, Digitalisierung ist ein Freund der Sparkasse, in: Sparkassenzeitung – Betriebswirtschaftliche Blätter, Heft 11 (22.11.2018), S. 1.

prozess des Zahlungsverkehrs initiieren. Mit der flächendeckenden Einführung des Online-Bankings in den 1990er Jahren sowie jüngst der Etablierung von Online- und Mobile-Bezahlverfahren wie paydirekt, Kwitt und Mobiles Bezahlen konnte die Sparkasse nicht nur ihr Portfolio im Zahlungsverkehr um finanztechnologische Dienstleistungen erweitern, sondern startete damit gleichzeitig den ersten Versuch im Wettbewerb mit den FinTechs im innovativ-digitalen Geschäft zu intervenieren und sich neuerliche Marktanteile zu sichern. Auffällig ist dabei, wie auch die vorangegangene exemplarische Gegenüberstellung von PayPal und paydirekt gezeigt hat, dass die Sparkassen bisweilen vordergründig eine konkurrenzorientierte Strategie verfolgt haben, welche konkret durch die Nachahmung von finanztechnologischen Produkten und Dienstleistungen realisiert worden ist. Hierbei ist es dem Imitationsprodukt jedoch nicht gelungen, sich langfristig gegen PayPal durchzusetzen und bedeutende Marktanteile für sich zu gewinnen. Es ist also fraglich, inwiefern eine Politik des Gegeneinanders überhaupt zielführend sein kann oder ob nicht andere Handlungsoptionen für den Umgang mit FinTechs zukunftsweisender wären.

Nicht nur die gemeinsame Studie von CMS, Deloitte und ING, sondern auch diverse weitere Expertenmeinungen bestätigen diesen Eindruck und kommen zu dem Ergebnis, dass strategische Annäherungsversuche von Sparkassen und FinTechs der Schlüssel zum Erfolg im digitalen Strukturwandel des Finanzsektors seien. Von der Betrachtung der FinTechs als Gefahr für die Branche ist abzuraten, vielmehr sollten sie als Chance für den Umgang mit der Digitalisierung wahrgenommen werden. Der oben dargestellte Konkurrenzkampf sei demnach obsolet, längst überholt und sollte sukzessive dem Fokus der Beteiligten auf kooperative Formen weichen. Becker stellt in seinen Ausführungen heraus, dass Kooperationen zwischen der Sparkasse und den FinTechs insbesondere deswegen ratsam seien, weil sie einen sinnstiftenden Nutzen für beide Partner realisieren. Da beide über individuelle, für den anderen attraktive Eigenschaften verfügen, verspricht die Allianz einen symbiotischen Charakter, aus dem beide für den Umgang mit dem digitalen Transformationsprozess deutlich profitieren können.[159]

Für die Sparkasse ergeben sich vornehmlich aus dem technologisch-agilen Antrieb und der innovativen Ideenvielfalt der FinTechs eine Vielzahl von Vorteilen. Beispielsweise gestalten sich der bürokratische Aufwand sowie grundlegende

---

[159] Vgl. ING (Hg.), FinTechs und Banken: Konkurrenz oder Zusammenarbeit? (2019), online verfügbar unter: https://ingwb.de/de/themen/fintechs-und-banken-konkurrenz-oder-zusammenarbeit, abgerufen am 17.08.2019.

Entscheidungsprozesse bei den FinTechs wesentlich moderater als bei den Sparkassen, weswegen die Markteinführung neuer Produkte bedeutend schneller erfolgen kann. Da die organisatorischen Strukturen der FinTechs maßgeblich weniger starr und hierarchisch gestaltet sind und kein marodes IT-System vorliegt, gelingt es ihnen deutlich schneller, „in dem heutigen, dynamischen Umfeld [...] Problemlösungen erarbeiten und umsetzen zu können."[160] Dadurch sind sie in der Lage, wesentliche Effizienzverbesserungen zu erzielen und den Anliegen der Kunden adäquater gerecht zu werden.[161] Anknüpfend an den Aspekt der Kundenbedürfnisse lässt sich konstatieren, dass die Produkte der FinTechs einen höheren Kundennutzen aufweisen. Dies liegt mitunter in der Tatsache begründet, dass FinTechs über einen entscheidenden Informationsvorsprung verfügen. Sie können die individuellen Bedürfnisse und Verhaltensweisen der Kunden mittels Datenanalysenmethoden antizipieren und kombinieren, um letztlich ein individualisiertes Produkt anzubieten.[162] Schließlich trägt auch die Tatsache, dass FinTechs sich lediglich auf einen Teil der Wertschöpfungskette der Bankenbranche spezialisieren, wesentlich dazu bei, den erwähnten höheren Kundennutzen zu erzielen. Überdies gewährleistet die

Spezialisierung der FinTechs, dass sie eine weitaus größere Expertise in ihrem gewählten Feld aufweisen und darauf aufbauend produktiver und effektiver agieren können.

Für die FinTechs resultieren die komparativen Vorteile einer möglichen partnerschaftlichen Zusammenarbeit in erster Linie aus der langjährigen Geschäftserfahrung der Sparkassen. Die Sparkassenorganisation kann zum einen mit ihrer flächendeckenden physischen Infrastruktur überzeugen, welche den Kunden eine umfassende Vor-Ort-Beratung ermöglicht. Aus der fortwährenden Tradition der Sparkassen ergibt sich überdies ein großer sowie gefestigter Kundenstamm. Einhergehend damit obliegt den Sparkassen im Vergleich zu den neuauftretenden Wettbewerbern im Finanzdienstleistungssektor ein hoher Vertrauensvorschuss seitens der allgemeinen Bevölkerung. Dies ist insbesondere auf die tief in der

---

[160] Vgl. Ebd.

[161] Vgl. Ebd.

[162] Vgl. Dapp, Thomas, Deutsche Bank, FinTechs – die digitale (R)evolution im Finanzsektor: Algorithmen-basiertes Banking mit human touch, in: Deutsche Bank Research (2014), online verfügbar: https://www.dbresearch.de/PROD/RPS_DE-PROD/PROD0000000000443890/Fintech_reloaded_%25E2%2580%2593_Die_Bank_als_digitales_%25C3%2596kosyste.pdf, abgerufen am 17.08.2019.

Unternehmensphilosophie verankerten Leitprinzipien, einen starken Markennamen und der Gebundenheit an regulatorische Anforderungen zurückzuführen. Des Weiteren gestaltet sich die Kapitalbeschaffung bei den Sparkassen deutlich einfacher, da sie nicht auf Investoren angewiesen sind, sondern umfangreiche finanzielle Mittel zur Verfügung haben.[163] Die aufgeführten Vorteile zeigen deutlich, dass die Sparkassen den FinTechs eine unterstützende und fördernde Funktion bieten würden, welche nicht zuletzt im Zuge der inkrafttretenden PSD2-Richtlinie für sie von großem Nutzen wäre. Basierend auf der Tatsache, dass die Sparkassenorganisation über eine Banklizenz verfügt, wäre es für die FinTechs empfehlenswert, eine strategische Partnerschaft mit ihr einzugehen, da der Erwerb einer eigenen Lizenz allgegenwärtig mit zu großen Hürden verbunden ist.[164]

Gegenwärtig haben sowohl Sparkassen als auch FinTechs die bestehenden Vorteile verinnerlicht und die damit verbundene Notwendigkeit einer möglichen Kooperation erkannt. Mit der Gründung des Sparkassen Innovation Hub im Jahre 2017 gelang der Sparkassen-Finanzgruppe die Grundlage für das Zustandekommen einer strategischen Partnerschaft. Als Anlaufstelle für FinTechs bietet der Innovation Hub nicht nur ein neues Format „der Zusammenarbeit mit Deutschlands größtem Bankenverbund"[165], sondern schafft zugleich die notwendigen technischen Voraussetzungen und regulatorischen Rahmenbedingungen, um eine Kooperation grundsätzlich zu gewährleisten. Das vordergründige Ziel dieser Innovationsschmiede liegt in der gemeinsamen Entwicklung von digitalen Lösungen. Beginnend mit der Ausgestaltung eines Business Cases entwickelt ein interdisziplinäres Team, bestehend aus Mitarbeitern von S-Hub, Sparkassen und FinTechs, neuartige Produktideen, die einen hohen Innovationscharakter für die Kunden aufweisen. Mittels Marktscreening-Methoden und unter der Berücksichtigung aktueller Bedürfnisse kann so ein kundenzentriertes Produkt entwickelt und als Prototyp bereitgestellt werden. Diese Vorgehensweise ermöglicht es, dass der Innovation Hub bereits in der frühen Phase des Entwicklungsprozesses ein umfangreiches Kundenfeedback erhält und letztlich das Risiko minimiert, nicht kundenorientierte Lösungen zu

---

163 Vgl. Schmalzl, Joachim/Weigand, Frank, Standortbestimmung Digitalisierung Sparkassen, in: BaFin Perspektiven, Ausgabe 1 (2019), S. 79.

164 Vgl. Chrishti, Susanne/Barberis, Janos, The FinTech Book: The Financial Technology Handbook for Investors, Entrepreneurs and Visionaries, Hoboken 2016, S. 21.

165 Sparkassen-Hub (Hg.), FinTechs & Partner (2019), online verfügbar: https://sparkassenhub.com/fintechs/, abgerufen am 17.08.2019.

entwickeln.[166] Aus dem Digitalisierungsbericht der BaFin ist ersichtlich, dass mit Hilfe des S-Hub bereits zahlreiche Kooperationen zwischen Sparkassen und Fin-Techs entstanden sind und darüber hinaus mehr als 230 Sparkassen die dort erarbeiteten Lösungsmöglichkeiten in ihr bestehendes Produktportfolio implementiert haben. Dazu zählt u.a. die Videolegitimiation für den Kontoeröffnungsprozess und der Kontoumzugsservice.[167] Ferner lassen sich auch außerhalb des Innovation Hub bereits kooperative Tendenzen zwischen Sparkassen und FinTechs erkennen, die ihren Fokus vor allem auf die gemeinsame Erarbeitung von digitalen Lösungen im Bereich des Zahlungsverkehrs gerichtet haben. In der Vergangenheit konnten die Sparkassen in Zusammenarbeit mit dem FinTech Gini bereits ihr Angebot im Zahlungsverkehr um die Funktion der Fotoüberweisung erweitern. In diesem Jahr haben die Sparkassen bekannt gegeben, dass sie künftig mit Apple kollaborieren möchten, um somit ihr Angebot im Segment des Mobilen-Bezahlen weiter ausweiten zu können.

---

[166] Vgl. Sparkassen-Hub, FinTechs & Partner, „vgl. auch" Schmalzl, Joachim/Weigand, Frank, Standortbe-stimmung Digitalisierung Sparkassen, in: BaFin Perspektiven, Ausgabe 1 (2019), S. 75-79.

[167] Vgl. Schmalzl, Joachim/Weigand, Frank, Standortbestimmung Digitalisierung Sparkassen, in: BaFin Perspektiven, Ausgabe 1 (2019), S. 79.

7 Fazit

Wie gesehen, befinden sich die Sparkassen derzeit auf einem vielversprechenden Kurs. Dennoch gilt es zu konstatieren, dass es keineswegs ausreicht, sich auf den bisher erfolgten Fortschritten auszuruhen, da der digitale Transformationsprozess in der Finanzdienstleistungsbranche gerade erst begonnen hat und längst nicht vorbei ist. Folglich sei zu erwähnen, dass die strategische Ausrichtung in Form der partnerschaftlichen Zusammenarbeit für die Sparkassen den Schlüssel zum Erfolg darstellt und dass es daher auch künftig ratsam wäre, aufmerksam zu bleiben und weitere potenzielle Kooperationspartner ausfindig zu machen. Dabei ist es irrelevant, ob die Kooperationen über den Sparkassen Innovation Hub oder über anderweitige Formen der Kooperation erfolgen. Selbst wenn vereinzelte Tech-Giganten wie PayPal noch eine Vormachtstellung im Angebot innovativer Zahlungsverkehrslösungen einnehmen, sollten sich die Sparkassen davon keineswegs beeindrucken lassen oder weiterhin versuchen, eigenständig Konkurrenzprodukte zu entwickeln. Dies würde, wie aus den vorangegangenen Überlegungen ersichtlich, einer unmöglich zu bewältigenden Sisyphos-Aufgabe gleichen und die Sparkassen auf langer Sicht eher zu einem „Commodity-Anbieter für die Verwaltung von Konten"[168] degradieren.

Vielmehr sind es die genannten Kollaborationsmöglichkeiten, die zielführender sowie erfolgsversprechender sind und zugleich günstigere Rahmenbedingungen schaffen, um in Zukunft innovative Ansätze für den Zahlungsverkehr der Sparkassen zu gewährleisten. Somit gelingt es den Sparkassen letztendlich auf der Basis der aufgeführten Kooperationen, dem Kunden ein umfangreiches und individuelles Finanzökosystem anzubieten, welches nicht nur sparkasseninterne Produkte und Dienstleistungen aus dem Zahlungsverkehr beinhaltet, sondern zugleich auch diejenigen Angebote berücksichtigt, die aus der Kooperation mit FinTechs entstanden sind.[169]

---

[168] Böhm, Markus et al., Digitale Transformation am Beispiel von FinTechs, in: Oswald, Gerhard/Krcmar, Helmut (Hg.), Digitale Transformation. Fallbeispiele und Branchenanalysen, Wiesbaden 2018, S. 147-166, hier S. 164.

[169] Vgl. Beier, Nils et al., Kooperation statt Konfrontation. Wie können sich Banken langfristig im FinTech Wettbewerb behaupten?, in: Accenture (2016), online verfügbar: https://www.accenture.com/_acnmedia/pdf-31/accenture-fs-asg-fintech-kooperation-final.pdf, abgerufen am 18.08.2019.

Abschließend lässt sich also mit Hinblick auf die einleitende Fragestellung festhalten, dass der auf den ersten Blick einleuchtend erscheinende disruptive Charakter, welcher den FinTechs oftmals zugeschrieben wird, sich nicht negativ auf den Zahlungsverkehr der Sparkassen auswirkt. Dieser befindet sich seit seiner Entstehung im stetigen Wandel und die durch die Digitalisierung und den Markteintritt der FinTechs aufgekommenen Herausforderungen stellen nur einen erneuten Anlass dar, gegebene Strukturen zu überdenken und neue Geschäftsmöglichkeiten zu erschließen. Dementsprechend üben die FinTechs vielmehr einen positiven Einfluss auf den Zahlungsverkehr der Sparkassen aus, indem sie ihnen Gelegenheiten bieten, durch kooperative Strategien innovative Lösungen zu erarbeiten und somit den Zahlungsverkehr fortlaufend zu modernisieren.

Literaturverzeichnis

Sekundärliteratur

Allen, James/Zook, Chris, Erfolgsfaktor Kerngeschäft. Zeitlose Strategien für Wachstum und Innovation, München 2001.

Ashauer, Günter, Von der Ersparungscasse zur Sparkassen-Finanzgruppe. Die deutsche Sparkassenorganisation in Geschichte und Gegenwart, Stuttgart 1991

Auerbach, Christoph, Fusionen deutscher Kreditinstitute. Erfolg und Erfolgsfaktoren am Beispiel von Sparkassen und Kreditgenossenschaften, Wiesbaden 2009.

Auge-Dickhut, Stefanie/Koye, Bernhard/Liebetrau, Axel, Client Value Generation. Das Zürcher Modell der kundenzentrierten Bankarchitektur, Wiesbaden 2014.

Bacher, Urban/Nothhelfer, Robert, Zum Regionalprinzip der Verbundinstitute – eine aktuelle Bewertung, in: Zeitschrift für das Gesamte Kreditwesen, Heft 3 (2019), S. 15-19.

Bartelt, Niklas/Finken, Silke, paydirekt – Herausforderungen und mögliche Wachstumsoptionen für Mobile Payments in Deutschland, in: Hierl, Ludwig (Hg.), Mobile Payment. Grundlagen – Strategien – Praxis, Wiesbaden 2017, S. 283-296.

Beier, Nils et al., Kooperation statt Konfrontation. Wie können sich Banken langfristig im FinTech Wettbewerb behaupten?, in: Accenture (2016), online verfügbar: https://www.accenture.com/_acnmedia/pdf-31/accenture-fs-asg-fintech-kooperation-final.pdf, abgerufen am 18.08.2019.

Benkelberg, Svenja, Paydirekt vs. Paypal – noch Luft nach oben, in: cards Karten cartes, Heft 2 (09.05.2018), S. 26ff.

Böhm, Markus et al., Digitale Transformation am Beispiel von FinTechs, in: Oswald, Gerhard/Krcmar, Helmut (Hg.), Digitale Transformation. Fallbeispiele und Branchenanalysen, Wiesbaden 2018, S. 147-167.

Bramberger, Markus, Payment Services Directive II. Regulatorik im Zahlungsverkehr vor dem Hintergrund von FinTechs und Open Banking, Wiesbaden 2019.

Brock, Harald, Vom Mono- zum Multichannel-Management – Nur wer die Vergangenheit kennt, kann die Zukunft erfolgreich gestalten, in: Brock, Harald/Bieberstein, Ingo (Hg.), Multi- und Omnichannel-Management in Banken und Sparkassen. Wege in eine erfolgreiche Zukunft, Wiesbaden 2015, S. 29-52.

Bruckmann, Claudia et al., Zahlungsverhalten in Deutschland 2017 – Vierte Studie über die Verwendung von Bargeld und unbaren Zahlungsinstrumenten (2018), in: Deutsche Bundesbank Eurosystem, online verfügbar unter: https://www.bundesbank.de/resource/blob/634056/8e22ddcd69de76ff40078b31119704db/mL/zahlungsverhalten-in-deutschland-2017-data.pdf, abgerufen am 03.08.2019.

Burgmaier, Stefanie/Hüthig, Stefanie, Kampf oder Kooperation – Das Verhältnis von jungen Wilden und etablierten Geldinstituten, in: Brock, Harald/Bieberstein, Ingo (Hg.), Multi- und Omnichannel-Management in Banken und Sparkassen – Wege in eine erfolgreiche Zukunft, Wiesbaden 2015, S. 101-114.

Chrishti, Susanne/Barberis, Janos, The FinTech Book: The Financial Technology Hand-book for Investors, Entrepreneurs and Visionaries, Hoboken 2016.

Dapp, Thomas, FinTechs – die digitale (R)evolution im Finanzsektor: Algorithmenbasiertes Banking mit human touch, in: Deutsche Bank Research (2014), online verfügbar unter: https://www.dbresearch.de/PROD/RPS_DEPROD/PROD0000000000444457/Fintech_-_Die_digitale_%28R%29evolution_im_Finanzsekto.pdf, abgerufen am 21.07.2019/17.08.2019.

o.V., Daten und Fakten zu Paydirekt, in: cards Karten cartes, Heft 1 (2019), S. 5. [o.V., Daten und Fakten]

Dengl, Gerhard, PayPal, Paydirekt, Klarna - Welcher Zahlungsdienst wird sich durchsetzen?, in: GENIOS WirtschaftsWissen, online verfügbar unter: https://www.wiso-net.de/document/GWW__c_invest_20170914, abgerufen am 12.08.2019.

Deutsche Bundesbank, Entwicklung des Bankensektors und Marktstellung der Kreditinstitutsgruppen seit Anfang der neunziger Jahre, in: Monatsbericht / Deutsche Bundesbank, Nr. 3 (1998), S. 33-64.

Deutscher Sparkassen- und Giroverband e.V., Finanzbericht 2017 der Sparkassen-Finanzgruppe, Berlin 2018.

Dorfleitner, Gregor/Hornuf, Lars, FinTech-Markt in Deutschland, in: Bundesfinanzministerium (2016), online verfügbar: http://www.bundesfinanzministerium.de/Content/DE/Standardartikel/Themen/Internationales_Finanzmarkt/2016-11-21-Gutachten-Langfassung.pdf%3F_blob%3DpublicationFile, abgerufen am 05.08.2019. [FinTech-Markt]

o.V., Durchbruch oder nicht?, in: Cards KARTEN Cartes, Heft 2 (2019), S. 55.

Fehr, Mark, Fingerabdruck-Speicherung verletzt Datenschutz, in: Wirtschaftswoche (2018), online verfügbar: https://www.wiwo.de/unternehmen/handel/verbraucherschuetzer-kritisieren-paypal-fingerabdruck-speicherung-verletzt-datenschutz/22628394.html, abgerufen am 12.08.2019.

Fischer, Oliver/Janik, Jürgen, Digitalisierung ist ein Freund der Sparkasse, in: Sparkassenzeitung – Betriebswirtschaftliche Blätter, Heft 11 (22.11.2018), S. 1ff.

Fliehr, Silvia, PayPal wandert in Googles Handy-Bezahlsystem. Daten-Gigant integriert führenden Online-Bezahldienst in Mobile-Payment-Lösung GooglePay – Millionen potenzielle neue Nutzer, in: Lebensmittel Zeitung, 41. Ausgabe (2018), S. 37.

Fundinger, Danny, Mobile Payments – Bezahlen mit dem Handy, in: Dittrich, Alfred/Egner, Thomas (Hg.), Trends im Zahlungsverkehr, Köln 2012, S. 225 - 250.

Geiger, Helmut, Die deutsche Sparkassenorganisation, Frankfurt am Main 1992. [Geiger, Die deutsche Sparkassenorganisation]

Göbel, Carsten, Chancen und Herausforderungen durch die PSD2 und Instant Payment, in: Hierl, Ludwig (Hg.), Mobile Payment. Grundlagen – Strategien - Praxis, Wiesbaden 2017, S. 167-178.

Gruber, Janne/Bouché, Georg, Umdenken im Vertrieb -Die Digitalisierung des Privatkundengeschäfts, in: Seidel, Marcel (Hg.), Banking und Innovation 2017. Ideen und Erfolgskonzepte von Experten für die Praxis, Wiesbaden 2017, S. 31-48.

Gulden, Julian, Automatisierte Geldanlage. Determinanten und Einflussbedingungen der Akzeptanz von Investment Management FinTechs, Wiesbaden 2018. [Automatisierte Geldanlage]

Haasis, Heinrich, Demographischer Wandel aus Sicht der Sparkassen, in: Juncker, Klaus/Nietert, Bernhard (Hg.), Demographic Banking. Demographische Entwicklung als Herausforderung für Kreditinstitute, Frankfurt am Main 2010, S. 71-92.

Hasebrink, Uwe/Hölig, Sascha, Die Verbreitung digitaler Endgeräte im internationalen Vergleich, in: die medienanstalten – ALM GbR (Hg.), Digitalisierungsbericht. Alles fließt! Neue Formen und alte Muster, Berlin 2014, S. 62-70.

Hellenkamp, Detlef, Generation Y: Bankkunden im Zeitalter der Digitalisierung, in: Hellenkamp, Detlef/Fürderer, Kai, Handbuch Bankvertrieb. Theorie und Praxis im Zukunftsdialog, Wiesbaden 2016, S. 383-396.

Henk, Alexander/Holthaus, Jens-Uwe, Herausforderungen – Zukunftsorientierte Neuausrichtung des Vertriebs von Banken und Sparkassen, in: Brock, Harald/Bieberstein, Ingo (Hg.), Multi- und Omnichannel-Management in Banken und Sparkassen. Wege in eine erfolgreiche Zukunft, Wiesbaden 2015, S. 61-74.

Huyer, Jan, FinTechs als Konkurrenz zum klassischen Bankgeschäft hinsichtlich der Abwicklung des Zahlungsverkehrs (Deutsches Institut für Bankwirtschaft, Bd. 13), hg. v. Henrik Schütt, Berlin 2016.

Kaupp, Florian/Giera, Ewa, Zahlungsverkehr: Vom Überweisungsträger zu Instant Payments, in: Brühl, Volker/Dorschel, Julian (Hg.), Praxishandbuch Digital Banking, Wiesbaden 2018, S. 228-258.

Kipker, Ingo, Demografischer Wandel und Bankstrategie – Implikation für Strategien und Geschäftsmodelle von Regionalbanken, in: Juncker, Klaus/Nietert, Bernhard (Hg.), Demographic Banking. Demographische Entwicklung als Herausforderung für Kreditinstitute, Frankfurt am Main 2010, S. 39-50.

Kraus, Hans-Martin/Nest, Robert, Auswirkungen der Payment Service Directive (PSD2), in: Mosen, Marcus/Moormann, Jürgen/Schmidt, Dietmar (Hg.), Digital Payments – Revolution im Zahlungsverkehr, Frankfurt am Main 2016 S. 41-56. [Kraus, Auswirkungen der Payment Service Directive]

Kunschke, Dennis/Schaffelhuber, Kai, FinTechs. Grundlagen – Regulierung – Finanzierung – Case Studies, Berlin 2018.

Leschke, Sarah-Magdalena, Marketingabhängige Kundenwertbestimmung für Banken. Modellierung des Zusammenhangs von Preisstrategie und Customer Lifetime Value (CLV) unter Berücksichtigung demografischer Effekte, Hamburg 2014.

Liebig, Svenja, Digitalisierung ist kein Selbstzweck, in: GoingPublic, Februar/März (2017), S. 30f.

Lindenau, Rainer, PayPal versus Paydirekt – 50:1 für PayPal, in: cards Karten cartes, Heft 2 (Mai 2018), S. 14.

Linseisen, Anita, Die Bedeutung des Internet für das Bankgeschäft der Zukunft – Technologischer Fortschritt oder Revolution?, in: Riekeberg, Marcus/Stenke, Karin (Hg.), Banking 2000, Wiesbaden 2000, S. 263-274.

Lister, Michael, Die Perspektiven deutscher Kreditinstitute unter dem Druck von Niedrigzinsen, Regulierung und Digitalisierung, in: Böhnke, Wolfgang/Rolfes, Bernd (Hg.), Neue Erlösquellen oder Konsolidierung? – Geschäftsmodell der Banken und Sparkassen auf dem Prüfstand. Beiträge des Duisburger Banken-Symposiums, Wiesbaden 2018, S. 1-30.

Manz, Stephan, Digitale Transformation im Banking – lessons learned, in: Brühl, Volker/Dorschel, Joachim (Hg.), Praxishandbuch Digital Banking, Wiesbaden 2018, S. 161-187.

Mayer, Nadine, Financial Capability in der Kunde-Bank-Beziehung, Eine wissensbasierte Analyse und Modellkonzeption, Wiesbaden 2018. [Mayer, Financial Capability]

Merkblatt über die Erteilung einer Erlaubnis für Zahlungsinstitute und E-Geld-Institute, in: Deutsche Bundesbank, Frankfurt am Main 2015, S. 4f.

Mosen, Marcus/Moormann, Jürgen/Schmidt, Dietmar, Digital Payment – Revolution im Zahlungsverkehr, Frankfurt am Main 2016.

Mura, Jürgen, Sparkassenorganisation und Zahlungsverkehr von 1918 bis 1945, in: Mura, Jürgen (Hg.), Der Zahlungsverkehr der Sparkassenorganisation – historische Entwicklung und Zukunftsperspektiven, Stuttgart 1995, S. 35-50. [Mura, Sparkassenorganisation und Zahlungsverkehr]

Möhlmeier, Heinz et al., Allgemeine Wirtschaftslehre für den Bankkaufmann/die Bankkauffrau, Köln 2013.

Pix, Manfred, Ist es notwendig, bewährte Sparkassenstrukturen zu erhalten?, in: Riekeberg, Marcus/Stenke, Karin (Hg.), Banking 2000. Perspektiven und Projekte, Wiesbaden 2000, S. 45-56. [Pix, Ist es notwendig]

Pohl, Hans, Geschichte der Sparkassen im Rheinland, in: Wissenschaftsförderung der Sparkassen-Finanzgruppe e.V. (Hg.), Regionalgeschichte der Sparkassen-Finanzgruppe, Stuttgart 2010, S. 57-94.

Pohl, Hans/Rudolph, Bernd/Schulz, Günther, Wirtschafts- und Sozialgeschichte der der deutschen Sparkassen im 20. Jahrhundert, Stuttgart 2005. [Pohl, Wirtschafts- und Sozialgeschichte]

Schalk, Marion, Das ewige Dilemma, in: Der Handel, Heft 12 (2018), S. 40-43.

Schmalzl, Joachim/Weigand, Frank, Standortbestimmung Digitalisierung Sparkassen, in: BaFin Perspektiven, Ausgabe 1 (2019). [Schmalzl, Standortbestimmung Digitalisierung]

Schmitz, Christopher/Müller-Tronnier, Dirk, FinTechs – Revolution oder Hype?, in: Brühl, Volker/Dorschel, Joachim (Hg.), Praxishandbuch Digital Banking, Wiesbaden 2018, S. 31-47. [Schmitz, FinTechs]

Schuster, Hannes/Hastenteufel, Jessica, Die Bankenbranche im Wandel. Status Quo und aktuelle Herausforderungen, Baden-Baden 2019.

Stahl, Ernst, Strategische Positionierung in einem veränderten Wettbewerb, in: Bartmann, Dieter (Hg.), Innovationen im Retail Banking. Der Weg zum erfolgreichen Privatkundengeschäft, Weinheim 2005, S. 15-44.

Starke, Wolfgang, Betriebswirtschaftliche und geschäftspolitische Aspekte der Bankautomation, in: Deutscher Sparkassen- und Giroverband (Hg.), Standortbestimmung. Entwicklungslinien der deutschen Kredit-wirtschaft, Stuttgart 1984, S. 326-342.

Statista, Mobile-Payment, in: Statista (2018), online verfügbar: https://de.statista.com/statistik/studie/id/13675/dokument/mobile-payment-statista-dossier/, abgerufen am 12.08.2019.

Strietzel, Markus/Steger, Sebastian/Bremen, Till, Digitale Transformation im Banking – ein Überblick, in: Brühl, Volker/Dorschel, Joachim (Hg.), Praxishandbuch Digital Banking, Wiesbaden 2018, S. 13-30.

Strohmayr, Werner, Sparkassenorganisation und Zahlungsverkehr von 1945 bis zur Gegenwart, in: Mura, Jürgen (Hg.), Der Zahlungsverkehr der Sparkassenorganisation – historische Entwicklung und Zukunftsperspektiven, Stuttgart 1995, S. 51-78. [Strohmayr, Sparkassenorganisation und Zahlungsverkehr]

Theobald, Tim, Das Henne-Ei-Problem, in: Horizont Zeitung für Marketing und Medien, Nr. 45 (2016), S. 33.

Tiberius, Victor/Rasche, Christoph, Disruptive Geschäftsmodelle von FinTechs: Grundlagen, Trends und Strategieüberlegungen, in: Tiberius, Victor/Rasche, Christoph (Hg.), FinTechs. Disruptive Geschäftsmodelle im Finanzsektor, Wiesbaden 2017, S. 1-26.

vorm Walde, Henning, Paydirekt schließt zum Wettbewerb auf, in: cards Karten cartes, Heft 1 (2019), S. 13ff.

Wissenschaftsförderung der Sparkassen-Finanzgruppe e.V., Grenzenlose Freiheit, in: Zeiten & Perspektiven. Bilder und Texte zur Geschichte der Sparkassen, Stuttgart 2011, S. 57.

Wollenweber, Leif E./Ruble, Jim, Chancen und Sackgassen des klassischen Retail Bankings, in: Seidel, Marcel (Hg.), Banking & Innovation 2017. Ideen und Erfolgskonzepte von Experten für die Praxis, Wiesbaden 2017, S. 19-30. [Wollenweber, Chancen und Sackgassen]

Internetquellen

DerTreasurer (Hg.), Banken verlieren Marktanteile an FinTechs (2017), online verfügbar: https://www.dertreasurer.de/news/finanzen-bilanzen/banken-verlieren-marktanteile-an-fintechs-57591/, abgerufen am: 20.07.2019.

Handelsblatt (Hg.), Hallo, Herr Roboter (2017), online verfügbar unter: https://www.handels-blatt.com/finanzen/banken-versicherungen/ki-in-der-versicherungsbranche-hallo-herr-roboter/19842748.html, abgerufen am: 20.07.2019.

ING (Hg.), FinTechs und Banken: Konkurrenz oder Zusammenarbeit? (2019), online verfügbar unter: https://ingwb.de/de/themen/fintechs-und-banken-konkurrenz-oder-zusammenarbeit, abgerufen am 17.08.2019.

IT-Finanzmagazin (Hg.), Casual Banking: Sparkassen erforschen im S-Hub Banking-Vorlieben der Millenials (2019), online verfügbar: https://www.it-finanzmagazin.de/casual-banking-sparkassen-erforschen-banking-vorlieben-der-millennials-87323/, abgerufen am: 21.07.2019.

IT-Finanzmagazin (Hg.), comdirect FinTech-Studie: Neuer Rekord beim eingesammelten Risikokapital (2018), online verfügbar: https://www.it-finanzmagazin.de/comdirect-fintech-studie-neuer-rekord-beim-eingesammelten-risikokapital-79534/, abgerufen am 05.08.2019.

IT-Finanzmagazin (Hg.), Der PSD2-Überblick: Von FinTechs, Wertschöpfungsketten und Smartphone-Apps (2017), online verfügbar: https://www.it-finanzmagazin.de/der-psd2-ueberblick-von-fintechs-wertschoepfungsketten-und-smartphone-apps-55016/, abgerufen am: 05.08.2019.

Methodenpool (Hg.), SWOT-Analyse (o.J.), online verfügbar: https://methodenpool.salzburgresearch.at/methode/swot-analyse/, abgerufen am 12.08.2019.

paydirekt (Hg.), Sicherheit made in germany (o.J.), online verfügbar: https://www.paydirekt.de/kaeufer/paydirekt-online-bezahlen-kaeufer-sicherheit.html, abgerufen am: 12.08.2019.

PayPal (Hg.), Geld ins Ausland senden: PayPal startet XOOM in Deutschland (2019), online verfügbar: https://www.paypal.com/stories/de/geld-ins-ausland-senden-paypal-startet-xoom-in-deutschland, abgerufen am 12.08.2019.

PayPal (Hg.), Jubiläum: 15 Jahre PayPal in Deutschland (2019), online verfügbar: https://www.paypal.com/stories/de/jubilaum-15-jahre-paypal-in-deutschland, abgerufen am 12.08.2019.

PayPal (Hg.), PayPal-Käuferschutzrichtlinie (2019), online verfügbar: https://www.paypal.com/de/webapps/mpp/ua/buyerprotection-full, abgerufen am 12.08.2019.

PayPal (Hg.), PayPal-Nutzungsbedingungen (2019), in: PayPal, online verfügbar: https://www.paypal.com/webapps/mpp/ua/useragreement-full, abgerufen am 12.08.2019.

Sparkassen-Hub (Hg.), FinTechs & Partner (2019), online verfügbar: https://sparkassen-hub.com/fintechs/, abgerufen am 17.08.2019.

Rheinische Post (Hg.), Warum Banken immer mehr Filialen schließen (2019), online verfügbar: https://rp-online.de/wirtschaft/unternehmen/sparkasse-praesident-rechnet-mit-der-schliessung-weiterer-filialen_aid-38742707, abgerufen am: 17.07.2019.

t3n (Hg.), Mit diesen Anbietern teilt Paypal eure persönlichen Daten (2018), online verfügbar: https://t3n.de/news/paypal-datenschutz-drittanbieter-919801/, abgerufen am 12.08.2019.

t3n (Hg.), Paydirekt: Jahre zu spät oder Chance für Händler? (2015) online verfügbar: https://t3n.de/news/paydirekt-chancen-online-haendler-658682/, abgerufen am 12.08.2019.

Tagesschau (Hg.), Pünktlich dank Digitalisierung? (2019), online verfügbar: https://www.faz.net/aktuell/finanzen/warum-banken-immer-mehr-filialen-schliessen-muessen-16271824.html, abgerufen am 20.07.2019